중국어를 가장 쉽게 시작할 수 있는

처음
만나는
중국어

강효숙 저

시사중국어사

중국어를 가장 쉽게 시작할 수 있는

처음 만나는 중국어

초판인쇄	2019년 8월 20일
초판발행	2019년 9월 1일
저자	강효숙
책임 편집	하다능, 최미진, 가석빈, 高霞, 박소영
펴낸이	엄태상
디자인	이건화
조판	이서영
콘텐츠 제작	김선웅, 최재웅
마케팅	이승욱, 오원택, 전한나, 왕성석
온라인 마케팅	김마선, 김제이
경영기획	마정인, 조성근, 김예원, 김다미, 전태준, 오희연
물류	유종선, 정종진, 최진희, 윤덕현, 신승진
펴낸곳	시사중국어사(시사북스)
주소	서울시 종로구 자하문로 300 시사빌딩
주문 및 교재 문의	1588-1582
팩스	(02)3671-0500
홈페이지	http://www.sisabooks.com
이메일	book_chinese@sisadream.com
등록일자	1988년 2월 13일
등록번호	제1 - 657호

ISBN 979-11-5720-156-3 (13720)

머리말

　최근 한국을 방문하는 중국인과 중국을 방문하는 한국인의 수가 급속도로 증가함에 따라 중국어 교육의 필요성이 한층 커졌습니다. 이러한 필요성에 맞추어 시중에는 다양한 교재들이 편찬되어 있습니다. 하나의 교재를 만드는 일에는 보이지 않는 수많은 손길과 노력들을 필요로 합니다. 때문에 새로운 교재를 만들 때마다 이러한 노력들이 헛수고가 되지 않을까 하는 걱정에 더욱 마음을 다잡게 됩니다.

　본 교재는 학습 목표와 해당 과의 주요 표현을 제시하며 시작합니다. 또한 각 과의 시작은 이전에 학습했던 주요 단어나 문장을 복습하며 연습하도록 구성했습니다. 두 파트로 이루어진 본문 회화는 중국어 능력 시험인 新HSK 1급과 新HSK 2급의 필수 어휘와 문장들로 구성하여 본 교재를 학습한 후 新HSK 2급에 응시할 수 있도록 했습니다. 회화를 학습한 후에는 필수 어법과 핵심 문장을 학습, 연습할 수 있도록 했으며, 되도록 쉬운 문장을 위주로 예문을 구성했습니다. 예문에 등장하는 새로운 단어는 사전을 찾을 필요가 없도록 각 페이지 하단에 배치했습니다. 더불어 각 과의 마지막은 중국의 문화와 사회를 간단히 소개하여 학습자가 중국에 대해 쉽게 이해하도록 구성했습니다.

　또한, 본 교재를 학습한 후 학습자가 新HSK 2급을 응시할 수 있도록 워크북으로 新HSK 2급 실전 모의고사 3회분과 듣기 대본, 新HSK 1, 2급 필수 어휘를 덧붙여 구성하여 학습자의 편의를 도모했습니다.

　본 교재는 처음 중국어를 만나는 학습자를 위해 편찬되었습니다. 처음 만나는 것은 낯설고 두렵기 마련입니다. 필자는 본 교재를 통해 학생들이 좀 더 편하고 즐겁게 중국어를 접했으면 합니다. 언어는 시간과 노력의 투자만큼 실력으로 보상된다고 생각합니다. 빨리 앞서 가려 하지 마시고 시간을 투자하여 꾸준하게 연습하고 반복하길 바랍니다. 우공이산(愚公移山)의 마음가짐을 가지고 학습에 임한다면 분명히 여러분이 원하는 좋은 결과를 얻게 될 것입니다.

　아울러 본 교재의 출판에 힘써주시고 세심히 살펴주신 시사북스 편집팀과 관계자 분들에게 진심으로 감사의 말씀을 전합니다.

저자 **강효숙**

목차

들어가기　처음 만나는 중국어　　　　　　　　　　　　　　8

핵심 내용	· 중국어란?	
	· 성조	· 성모와 운모

01과　인사해요. 你好!　　　　　　　　　　　　　　　21

주요 표현	· 你好!	· 对不起!
어법&핵심 문형	· 제3성의 성조 변화	· 중국어의 단수와 복수

02과　이름과 국적을 이야기해요. 你叫什么名字?　　　　33

주요 표현	· 你叫什么名字?	· 你是哪国人?
어법&핵심 문형	· '一'와 '不'의 성조 변화	· 형용사술어문 & 동사술어문 & 명사술어문

03과　주소와 전화번호를 이야기해요. 你的手机号码是多少?　47

주요 표현	· 你去哪儿?	· 你知道老师的手机号码吗?
어법&핵심 문형	· 동사 '有' vs '在'	· 부정부사 '不' vs '没'

04과　가족과 나이를 이야기해요. 你家有几口人?　　　　61

주요 표현	· 你家有几口人?	· 今年你多大?
어법&핵심 문형	· '几' vs '多少'	· 양사 '口' & '杯' & '件'

05과　날짜와 시간을 이야기해요. 现在几点?　　　　　75

주요 표현	· 你的生日是几月几号?	· 现在几点?
어법&핵심 문형	· 날짜 '年', '月', '号(日)'	· 시간 '点', '分', '刻', '差'

06과　친구와 약속을 해요. 我们一起去玩电脑游戏吧。　　87

주요 표현	· 我们一起去玩电脑游戏吧。	· 服务员，来两杯咖啡。
어법&핵심 문형	· 선택의문문 'A还是B?'	· '동사+一下'

이 책의 구성과 활용

중국어 발음 & 맛보기 표현

처음 중국어를 배울 때 발음을 정확하게 습득하는 것이 중요합니다. 본 책 앞부분에 등장하는 발음 연습을 통해 중국어 발음을 기초부터 튼튼히 잡을 수 있습니다. 맛보기 표현은 연관된 단어들을 묶어서 함께 기억해 두면 활용도가 높은 단어들로 구성했습니다.

주요 표현 복습 & 새로운 단어

주요 표현 복습에서는 이전 과에서 배운 단어와 문장을 복습하는 동시에 녹음을 들으며 정확한 성조로 발음해 볼 수 있습니다. 또한, 본문에 들어가기 앞서 新HSK 1급과 2급 단어로 구성된 새로운 단어를 숙지하고 이해할 수 있습니다.

회화 1, 2

新HSK 1급과 2급 단어 위주로 구성된 본문 회화를 학습하여 회화 실력 UP! 新HSK 시험에 필요한 듣기 및 어법 실력도 동시에 UP!

어법 & 핵심 문형

본문 회화 속 주요 어법 및 문형을 친절하게 정리했으며, 다양한 예문을 통해 어법과 문형을 더욱 쉽게 학습할 수 있습니다.

교체 연습

제시된 문장에 다양한 단어를 넣어 바꿔 말해 보면서 의미를 확장해가는 연습입니다. 처음에는 한 문장만 구사할 수 있었다면, 교체 연습을 통해 점점 다양한 표현을 응용하여 구사할 수 있습니다.

마무리 체크

연습 문제를 통해 앞서 배웠던 문장과 문형들을 다시 한 번 복습하는 동시에 실제 대화에 자연스럽게 응용해 볼 수 있습니다.

부록 처음 만나는 新HSK

부록으로 구성된 처음 만나는 新HSK는 新HSK 2급 실전 모의고사 3회분과 新HSK 1~2급 필수 어휘 및 시험 소개로 구성되어 있습니다. 시간을 맞춰 놓고 실제 시험처럼 풀어보며 자신의 실력을 확인해 보세요!

처음 만나는
중국어

1 중국어란?

중국어는 세계 인구의 약 1/5이 사용하고 있는 언어입니다. 현대 중국어는 중국 본토 외에도 해외의 화교나 중국 내 여러 소수민족까지 두루 사용하고 있기 때문에 이들을 포함하면 세계에서 사용 인구가 가장 많은 언어라 할 수 있습니다. 이처럼 사용 인구가 많기 때문에 많은 방언들도 함께 존재합니다. 현재 사용하는 중국어는 1955년 이후 기존 사용하던 '국어(国语)'의 명칭을 '보통화(普通话)'로 개정한 것입니다. 보통화는 현대 베이징(北京)어의 발음을 표준으로 삼고 회화의 문법을 기초로 하고 있는데요. 그 결과, 많은 방언이 존재함에도 불구하고 대부분의 지역에서 보통화로 대화가 가능해졌습니다.

❷ 중국어 표기법

1958년 중국 정부는 '한어병음방안(汉语拼音方案)'을 제정하여 모든 사람들이 좀 더 쉽게 글을 읽을 수 있도록 했습니다. 이 한어병음은 자음과 모음으로 이루어져 있으며 성조 부호를 첨가해 중국어를 쉽게 발음하도록 도와주고 있습니다. 비록 영어의 알파벳 체계를 빌려 병음을 표기하지만 영어의 발음과 완전히 일치하진 않습니다.

❸ 중국어의 음절

중국어에서 음절은 '성모', '운모', 그리고 '성조'로 이루어져 있습니다. '성모'는 음절에서 가장 먼저 위치하는 소리로 우리말의 '자음'과 같은 역할을 하며, '운모'는 성모의 뒤에 위치하여 우리말의 '모음'과 같은 역할을 합니다. 마지막으로 운모 위에 화룡점정으로 표기되는 '성조'는 음절의 높낮이를 결정합니다.

❹ 번체자? 간체자?

중국 정부는 '한어병음방안(汉语拼音方案)'을 제정한 후 '한자간화방안(汉字简化方案)'을 발표하여 복잡했던 기존의 한자를 간소화하기로 결정했습니다. 처음 발표한 표에는 약 2,400자의 간체자가 수록되어 있었지만 현재는 약 2,200자의 간체자가 존재합니다. 한편 대만은 간체자를 쓰지 않고 기존의 번체자를 쓰고 있습니다.

5 성조와 표기 규칙

중국어의 음절에는 고유의 높낮이를 표기하기 위한 성조가 있습니다. 이 성조는 모두 네 개로 '제1성', '제2성', '제3성', '제4성'으로 나누어서 구분하며 운모 위에 표기합니다. 만약 음절에서 운모가 두 개 이상일 경우에는 기본 운모의 순서대로 우선 표기합니다.

1 제1성부터 제4성까지 🎧 00-01

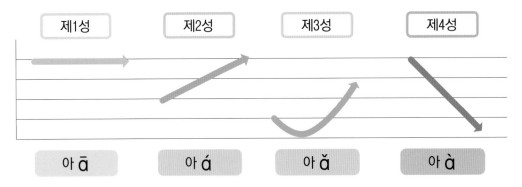

| 제1성 | 제2성 | 제3성 | 제4성 |

| 아 ā | 아 á | 아 ǎ | 아 à |

제1성	소리의 처음부터 마지막까지 높은 음을 유지하며 발음합니다.
제2성	중간 음에서 시작했다가 빠르게 높은 음으로 올리며 발음합니다.
제3성	낮은 음에서 높은 음으로 올리는 소리로, 깊은 구덩이를 파는 느낌으로 발음합니다.
제4성	높은 음에서 낮은 음으로 빠르게 내려 찍으며 발음합니다.

妈 mā	麻 má	马 mǎ	骂 mà
엄마	삼베	말	욕하다
汤 tāng	糖 táng	躺 tǎng	烫 tàng
탕, 국	사탕	눕다	뜨겁다

2 경성 🎧 00-02

제1성부터 제4성 외에 음높이가 없고 가볍고 짧게 내는 소리가 있는데, 이러한 소리를 '경성'이라고 합니다. 경성은 항상 다른 성조 뒤에 위치하며 성조 표기는 하지 않습니다.

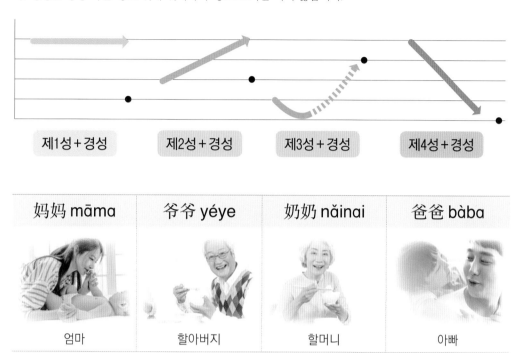

제1성 + 경성	제2성 + 경성	제3성 + 경성	제4성 + 경성
妈妈 māma	爷爷 yéye	奶奶 nǎinai	爸爸 bàba
엄마	할아버지	할머니	아빠

⑥ 성모와 운모

① 성모 🎧 00-03

'성모'는 중국어 음절 중 가장 먼저 오는 음이며, 우리말의 자음과 비슷한 역할을 합니다.

b	우리말의 'ㅃ' 또는 'ㅂ'과 유사하게 발음합니다.
	• 八 bā 여덟(8) • 部 bù 부분
p	우리말의 'ㅍ'과 유사하게 발음합니다.
	• 怕 pà 두려워하다 • 皮肤 pífū 피부
m	우리말의 'ㅁ'과 유사하게 발음합니다.
	• 马 mǎ 말 [동물] • 木 mù 나무
f	영어의 'f'와 유사하게 발음합니다.
	• 法 fǎ 법 • 福 fú 복
d	우리말의 'ㄸ' 또는 'ㄷ'과 유사하게 발음합니다.
	• 大 dà 크다 • 弟弟 dìdi 남동생
t	우리말의 'ㅌ'과 유사하게 발음합니다.
	• 他 tā 그, 그 사람 • 土 tǔ 흙
n	우리말의 'ㄴ'과 유사하게 발음합니다.
	• 那 nà 저것, 그것 • 你 nǐ 너, 당신
l	우리말의 'ㄹ'과 유사하나, 혀를 윗잇몸에 붙인 상태로 'ㄹ'을 말하듯 발음합니다.
	• 辣 là 맵다 • 里 lǐ 안, 가운데
g	우리말의 'ㄲ' 또는 'ㄱ'과 유사하게 발음합니다.
	• 哥哥 gēge 오빠, 형 • 故事 gùshi 고사, 이야기
k	우리말의 'ㅋ'과 유사하게 발음합니다.
	• 卡 kǎ 카드 • 哭 kū 울다
h	우리말의 'ㅎ'과 유사하게 발음합니다.
	• 喝 hē 마시다 • 虎 hǔ 호랑이
j	우리말의 'ㅉ' 또는 'ㅈ'과 유사하게 발음합니다.
	• 寂寞 jìmò 외롭다 • 橘子 júzi 귤

q	우리말의 'ㅊ'과 유사하게 발음합니다.
	• 去 qù 가다 • 妻子 qīzi 아내
x	우리말의 'ㅆ' 또는 'ㅅ'과 유사하게 발음합니다.
	• 西瓜 xīguā 수박 • 需要 xūyào 필요로 하다
z	혀가 윗니 뒤에 위치한 상태로 우리말의 'ㅉ' 또는 'ㅈ'과 유사하게 발음합니다.
	• 紫色 zǐsè 보라색 • 责罚 zéfá 처벌하다
c	혀가 윗니 뒤에 위치한 상태로 우리말의 'ㅊ'과 유사하게 발음합니다.
	• 词 cí 단어 • 醋 cù 식초
s	혀가 윗니 뒤에 위치한 상태로 우리말의 'ㅆ'과 유사하게 발음합니다.
	• 色 sè 색 • 四 sì 넷(4)
zh	혀가 윗잇몸 쪽에 위치한 상태로 우리말의 'ㅉ' 또는 'ㅈ'과 유사하게 발음합니다.
	• 这 zhè 이, 이것 • 住 zhù 머무르다, 살다
ch	혀가 윗잇몸 쪽에 위치한 상태로 우리말의 'ㅊ'과 유사하게 발음합니다.
	• 茶 chá 차 [음료] • 吃 chī 먹다
sh	혀가 윗잇몸 쪽에 위치한 상태로 우리말의 'ㅆ' 또는 'ㅅ'과 유사하게 발음합니다.
	• 蛇 shé 뱀 • 事 shì 일, 사건
r	영어의 'r'과 유사하게 발음합니다.
	• 热 rè 덥다 • 入 rù 들어가다, 가입하다

2 운모①(단운모) 🎧 00-04

중국어 음절 중 성모를 제외한 나머지 부분을 '운모'라고 하며, 우리말의 모음과 비슷한 역할을 합니다.

a	o	e	i	u	ü
大 dà 크다	波 bō 물결	饿 è 배고프다	一 yī 하나(1)	五 wǔ 다섯(5)	鱼 yú 물고기
爸爸 bàba 아빠	脖 bó 목	哥哥 gēge 오빠	秘密 mìmì 비밀	木 mù 나무	女 nǚ 여자

3 성모와 단운모 결합표 🎧 00-05

성모＼단운모	a	o	e	i	u	ü
b	ba	bo		bi	bu	
p	pa	po		pi	pu	
m	ma	mo		mi	mu	
f	fa	fo			fu	
d	da		de	di	du	
t	ta		te	ti	tu	
n	na		ne	ni	nu	nü
l	la		le	li	lu	lü
g	ga		ge		gu	
k	ka		ke		ku	
h	ha		he		hu	
j				ji		ju
q				qi		qu
x				xi		xu
z	za		ze	zi	zu	
c	ca		ce	ci	cu	
s	sa		se	si	su	
zh	zha		zhe	zhi	zhu	
ch	cha		che	chi	chu	
sh	sha		she	shi	shu	
r			re	ri	ru	

TIP 성모 'j', 'q', 'x'가 운모 'ü' 앞에 오면 'ü' 위의 두 점은 생략하고 'u'로 표기해요!

TIP 성모 'z', 'c', 's', 'zh', 'ch', 'sh', 'r' 뒤에 오는 'i'는 '이'가 아닌 '으'로 발음해요!

ai	우리말의 '아이'와 유사하게 발음합니다.
	· 百 bǎi 백(100)　　· 来 lái 오다
ao	우리말의 '아오'와 유사하게 발음합니다.
	· 饱 bǎo 배부르다　　· 到 dào 도착하다
an	우리말의 '안'과 유사하게 발음합니다.
	· 慢 màn 느리다　　· 看 kàn 보다
ang	우리말의 '앙'과 유사하게 발음합니다.
	· 胖 pàng 뚱뚱하다　　· 帮 bāng 돕다
ei	우리말의 '에이'와 유사하게 발음합니다.
	· 北 běi 북쪽　　· 黑 hēi 검다
en	우리말의 '으언'과 유사하게 발음합니다.
	· 很 hěn 매우　　· 人 rén 사람
eng	우리말의 '으엉'과 유사하게 발음합니다.
	· 风 fēng 바람　　· 等 děng 기다리다
ia	우리말의 '이야'와 유사하게 발음합니다.
	· 家 jiā 집　　· 夏 xià 여름
ie	우리말의 '이에'와 유사하게 발음합니다.
	· 铁 tiě 쇠　　· 鞋 xié 신발
iao	우리말의 '이야오'와 유사하게 발음합니다.
	· 票 piào 표　　· 小 xiǎo 작다
iou	우리말의 '이여우'와 유사하게 발음합니다.
	· 丢 diū 잃어버리다　　· 牛 niú 소
ian	우리말의 '이앤'과 유사하게 발음합니다.
	· 电 diàn 전기　　· 年 nián 해, 년

TIP
성모가 앞에 있으면 'iou'가 아닌 'iu'로 표기해요!

iang	우리말의 '이양'과 유사하게 발음합니다.
	· 亮 liàng 밝다　　· 想 xiǎng 생각하다
in	우리말의 '인'과 유사하게 발음합니다.
	· 您 nín 당신　　· 近 jìn 가깝다
ing	우리말의 '잉'과 유사하게 발음합니다.
	· 病 bìng 병　　· 听 tīng 듣다
iong	우리말의 '이옹'과 유사하게 발음합니다.
	· 穷 qióng 가난하다　　· 熊 xióng 곰
ou	우리말의 '오우'와 유사하게 발음합니다.
	· 豆 dòu 콩　　· 手 shǒu 손
ong	우리말의 '옹'과 유사하게 발음합니다.
	· 东 dōng 동쪽　　· 红 hóng 붉다
ua	우리말의 '우와'와 유사하게 발음합니다.
	· 花 huā 꽃　　· 抓 zhuā 잡다
uo	우리말의 '우어'와 유사하게 발음합니다.
	· 多 duō 많다　　· 国 guó 나라
uai	우리말의 '우와이'와 유사하게 발음합니다.
	· 快 kuài 빠르다　　· 帅 shuài 잘생기다
uan	우리말의 '우완'과 유사하게 발음합니다.
	· 短 duǎn 짧다　　· 关 guān 닫다, 끄다
uang	우리말의 '우왕'과 유사하게 발음합니다.
	· 光 guāng 빛　　· 黄 huáng 노랗다
uei	우리말의 '우웨이'와 유사하게 발음합니다.
	· 贵 guì 비싸다　　· 最 zuì 가장, 최고

TIP
성모가 앞에 있으면 'uei'가 아닌 'ui'로 표기해요!

uen	우리말의 '우원'과 유사하게 발음합니다.	
	· 困 kùn 졸리다　　　　· 春 chūn 봄	**TIP** 성모가 앞에 있으면 'uen'이 아닌 'un' 으로 표기해요!
ueng	우리말의 '우웡'과 유사하게 발음합니다.	
	· 翁 wēng 노인	
üe	우리말의 '위에'와 유사하게 발음합니다.	
	· 缺 quē 부족하다　　　　· 月 yuè 달, 월	
üan	우리말의 '위엔'과 유사하게 발음합니다.	
	· 远 yuǎn 멀다　　　　· 选 xuǎn 고르다	
ün	우리말의 '윈'과 유사하게 발음합니다.	
	· 军 jūn 군대　　　　· 群 qún 군중, 무리	
er	우리말의 '얼'과 유사하게 발음하지만 영어의 'r'을 발음할 때처럼 혀를 둥글게 말아 입천장에 닿지 않도록 주의합니다.	
	· 二 èr 둘(2)　　　　· 耳 ěr 귀	

7 발음 연습

东 dōng	西 xī	南 nán	北 běi
多 duō	少 shǎo	明 míng	暗 àn
春 chūn	夏 xià	秋 qiū	冬 dōng
听 tīng	说 shuō	读 dú	写 xiě

제1성＋제1성	제1성＋제2성	제1성＋제3성	제1성＋제4성
中间 zhōngjiān	中国 Zhōngguó	高手 gāoshǒu	医院 yīyuàn

제2성＋제1성	제2성＋제2성	제2성＋제3성	제2성＋제4성
明天 míngtiān	明年 míngnián	游泳 yóuyǒng	红色 hóngsè

제3성＋제1성	제3성＋제2성	제3성＋제3성	제3성＋제4성
手工 shǒugōng	小时 xiǎoshí	首尔 Shǒu'ěr	可乐 kělè

제4성＋제1성	제4성＋제2성	제4성＋제3성	제4성＋제4성
面包 miànbāo	外国 wàiguó	电脑 diànnǎo	电话 diànhuà

이 책의 주인공 소개

:: 小李 샤오리(여, 22살, 중국인, 대학생)

상큼 발랄한 인간 비타민 샤오리!
새로 알게 된 한국인 친구 성원이 궁금하다.

:: 成元 성원(남, 23살, 한국인, 대학생)

공부하러 중국에 유학 온 대학생 성원!
험난한 중국 유학 생활에 힘이 되는 샤오리에게
좋은 마음을 가지고 있다.

:: 小高 샤오까오(여, 25살, 중국인, 직장인)

샤오리와 성원의 학교 선배로, 학교를 졸업하고
바로 취업한 샤오까오!
첫 회사인 만큼 파이팅 넘치게 다니고 있지만,
회사와 집이 너무 멀어서 독립을 준비 중이다.

01과

인사해요.

你好!
Nǐ hǎo!

학습 목표

1. 정확한 성조와 발음으로 단어를 읽을 수 있어요.
2. 중국어로 인사해요.
3. 단수를 복수로 만들 수 있어요.

중국어 발음

성모와 복합운모의 결합표(1) 🎧 01-01

복합운모 성모	ai	ao	an	ang	ei	en	eng	ia	ie
b	bai	bao	ban	bang	bei	ben	beng		bie
p	pai	pao	pan	pang	pei	pen	peng		pie
m	mai	mao	man	mang	mei	men	meng		mie
f			fan	fang	fei	fen	feng		
d	dai	dao	dan	dang	dei	den	deng		die
t	tai	tao	tan	tang			teng		tie
n	nai	nao	nan	nang	nei	nen	neng		nie
l	lai	lao	lan	lang	lei		leng	lia	lie
g	gai	gao	gan	gang	gei	gen	geng		
k	kai	kao	kan	kang	kei	ken	keng		
h	hai	hao	han	hang	hei	hen	heng		
j								jia	jie
q								qia	qie
x								xia	xie
z	zai	zao	zan	zang	zei	zen	zeng		
c	cai	cao	can	cang		cen	ceng		
s	sai	sao	san	sang		sen	seng		
zh	zhai	zhao	zhan	zhang	zhei	zhen	zheng		
ch	chai	chao	chan	chang		chen	cheng		
sh	shai	shao	shan	shang	shei	shen	sheng		
r		rao	ran	rang		ren	reng		
성모가 없을 때	ai	ao	an	ang	ei	en	eng	ya	ye

TIP
성모가 앞에 없으면
'i'는 'y'로 표기해요!

제3성의 성조 변화 🎧 01-02

제3성 뒤에 제3성이 연이어 나오게 되면 발음하기 힘들어집니다. 그렇기 때문에 앞의 제3성은 제2성으로 바꾸어 자연스럽게 이어질 수 있도록 발음합니다. 이때 발음은 제3성에서 제2성으로 바뀌지만 병음 표기는 그대로 제3성을 유지하는 점을 주의하세요.

- **Nǐ** + **hǎo** → **Nǐ hǎo** [성조 표기] / Ní hǎo [실제 발음]
  你 + 好 → 你好

- **shuǐ** + **guǒ** → **shuǐguǒ** [성조 표기] / shuíguǒ [실제 발음]
  水 + 果 → 水果

새로운 단어

회화 1 🎧 01-03

○ 你	nǐ	대 너, 당신
○ 你们	nǐmen	대 너희들, 당신들
○ 好	hǎo	형 좋다, 안녕하다
○ 再见	zàijiàn	동 안녕히 가세요, 안녕히 계세요

회화 2 🎧 01-04

○ 谢谢	xièxie	동 고맙습니다
○ 不客气	bú kèqi	천만에요
○ 对不起	duìbuqǐ	동 미안합니다
○ 没关系	méi guānxi	괜찮습니다

만났을 때

小李·小高   **你好!**
Nǐ hǎo!

成元   **你们好!**
Nǐmen hǎo!

헤어질 때

小李·小高   **再见!**
Zàijiàn!

成元   **再见!**
Zàijiàn!

회화 2

고마울 때

小李　　谢谢!
Xièxie!

成元　　不客气!
Bú kèqi!

미안할 때

成元　　对不起!
Duìbuqǐ!

小李　　没关系!
Méi guānxi!

어법 & 핵심 문형

01 나, 너, 그리고 우리들

인칭	단수	복수 (단수+们)
1인칭	我 wǒ 나	我 + 们 → 我们 wǒmen 우리
2인칭	你 nǐ 너	你 + 们 → 你们 nǐmen 너희
3인칭	他 tā 그 她 tā 그녀 它 tā 그것 [사람 이외의 것]	他 + 们 → 他们 tāmen 그들 她 + 们 → 她们 tāmen 그녀들 它 + 们 → 它们 tāmen 그것들

我 wǒ 대 나 | 他 tā 대 그 | 她 tā 대 그녀 | 它 tā 대 그것 [사람 이외의 것]

02 안녕! '你好!'

중국어를 처음 배울 때 가장 자주 접하게 되는 인사말은 '你好! Nǐ hǎo!'입니다. '你好'에서 '好' 앞에는 사람이나 시간을 나타내는 표현을 써서 해당 사람에 대한 안부나 해당 시간에 맞는 안부를 묻습니다.

> • 你 너 ╋ 好 안녕하다 ➡ 你好! 안녕하세요!
>   Nǐ   hǎo   Nǐ hǎo!
>
> • 早上 아침 ╋ 好 안녕하다 ➡ 早上好! 안녕하세요! [아침 인사]
>   Zǎoshang   hǎo   Zǎoshang hǎo!

03 죄송합니다! '对不起!' vs 유감입니다! '不好意思!'

중국어를 처음 배울 때 우리는 '죄송합니다'라는 표현으로 '对不起 duìbuqǐ'를 배우게 됩니다. 하지만 실제 생활에서 중국인들은 가벼운 사과를 해야 할 상황에서는 '对不起'라는 표현을 잘 사용하지 않습니다. 예를 들어 출근 시간 복잡한 버스 안에서 누군가의 발을 밟았을 때 중국인들은 '对不起' 대신 주로 '不好意思 bù hǎoyìsi'라고 말합니다. '不好意思'는 벌어진 상황에 대해 매우 유감스럽게 생각한다는 뜻으로 '对不起'에 비해 미안한 어감이 약한 편입니다.

早上 zǎoshang 명 아침 | 不好意思 bù hǎoyìsi 유감입니다

교체 연습

01

01-07

A: 你好!
Nǐ hǎo!
안녕하세요!

B: 你好!
Nǐ hǎo!
안녕하세요!

💬 색칠한 부분을 다양한 표현으로 바꾸어 연습해 봐요!

선생님 안녕하세요!
❶ A: **老师**好!
Lǎoshī hǎo!

안녕하세요!
B: 你好!
Nǐ hǎo!

여러분 안녕하세요!
❷ A: **你们**好!
Nǐmen hǎo!

안녕하세요!
B: 你好!
Nǐ hǎo!

여러분 안녕하세요!
❸ A: **大家**好!
Dàjiā hǎo!

안녕하세요!
B: 你好!
Nǐ hǎo!

老师 lǎoshī 몡 선생님 | 大家 dàjiā 때 모두

02

A: 谢谢!
Xièxie!
고마워요!

B: 不客气!
Bú kèqi!
천만에요!

💬 색칠한 부분을 다양한 표현으로 바꾸어 연습해 봐요!

❶
고맙습니다!
A: 谢谢!
Xièxie!

천만의 말씀입니다!
B: 不谢!
Bú xiè!

❷
고맙습니다!
A: 谢谢!
Xièxie!

고마울 것 없어요!
B: 不用谢!
Búyòng xiè!

❸
고맙습니다!
A: 谢谢!
Xièxie!

별말씀을요!
B: 别客气!
Bié kèqi!

不用 búyòng 통 ~할 필요가 없다 | 别客气 bié kèqi 괜찮다, 겸손할 필요 없다

교체 연습

03

A: 对不起!
Duìbuqǐ!
죄송합니다!

B: 没关系!
Méi guānxi!
괜찮아요!

01-09

💬 색칠한 부분을 다양한 표현으로 바꾸어 연습해 봐요!

❶

A: 不好意思!
Bù hǎoyìsi!
유감입니다!

B: 没关系!
Méi guānxi!
괜찮아요!

04

A: 再见!
Zàijiàn!
안녕히 가세요! (안녕히 계세요!)

B: 再见!
Zàijiàn!
안녕히 가세요! (안녕히 계세요!)

01-10

💬 색칠한 부분을 다양한 표현으로 바꾸어 연습해 봐요!

❶

A: 拜拜!
Báibái!
잘 가!

B: 再见!
Zàijiàn!
잘 가!

1 사진을 보고 주어진 단어를 완성하세요.

1)

你____！ Nǐ hǎo!

2)

____们 nǐmen

2 녹음을 듣고 성조를 표기하세요. 01-11

1) nı

2) hao

3) women

4) zaijiàn

5) xiexie

6) duìbuqı

3 녹음을 듣고 내용과 일치하는 사진을 고르세요. 01-12

1)

2)

3)

:: 중국의 가족 문화

　　최근 중국 국가 통계국이 발표한 중국 인구는 약 14억 명으로, 세계 인구의 5분의 1을 차지하고 있습니다. 이처럼 늘어나는 인구를 통제하기 위해 중국 정부는 건국 초기부터 강력한 인구통제정책을 추진해 왔습니다. 특히 1979년부터 시행한 '산아제한정책'은 한 가정 한 자녀 갖기를 기본으로 하고 있습니다. 하지만 이에 따라 중국은 소황제(小皇帝 xiǎohuángdì 독생 자녀로 온 집안의 귀여움을 독차지하며 자라서 이후 사회적으로 문제가 됨) 문제, 무(無)호적자 문제, 인구 고령화 문제, 불법 낙태 문제, 남녀 성비 불균형 등 여러 사회 문제에 직면하게 되었습니다. 특히 남녀 성비 불균형은 강력한 산아제한정책이 불러온 심각한 사회 문제로 대두되어 최근 중국의 결혼 적령기에 접어든 남성은 결혼할 여성을 찾기 몹시 힘들어졌습니다. 또한, 중국 대부분의 가정은 여성도 사회생활을 하는 맞벌이 가정으로, 남성들도 퇴근 후 집안일과 육아에 적극적으로 참여하는 모습을 볼 수 있습니다. 때문에 중국 정부는 2014년 이후, 부부 중 한 명이라도 독생자일 경우 두 자녀를 낳을 수 있도록 기존의 산아제한정책을 완화했으며, 2016년 이후부터는 '두 자녀 정책'을 시행했습니다. 하지만 이러한 완화 정책에도 불구하고 급격한 인구 노령화 추세로 인한 노동 인구 감소로 인해 중국 정부는 산아제한정책의 완전 폐지 단계를 밟고 있습니다.

02과

이름과 국적을 이야기해요.

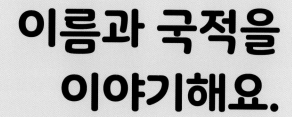

你叫什么名字?

Nǐ jiào shénme míngzi?

학습 목표

1. '一 yī'와 '不 bù'의 성조 변화를 이해해요.
2. 중국어로 이름과 국적을 묻고 답할 수 있어요.
3. 각종 술어문과 지시대명사에 대해 이해해요.

성모와 복합운모의 결합표(2) 🎧 02-01

성모 \ 복합운모	iao	iou(iu)	ian	iang	in	ing	iong	ou	ong
b	biao		bian		bin	bing			
p	piao		pian		pin	ping		pou	
m	miao	miu	mian		min	ming		mou	
f								fou	
d	diao	diu	dian			ding		dou	dong
t	tiao		tian			ting		tou	tong
n	niao	niu	nian	niang	nin	ning		nou	nong
l	liao	liu	lian	liang	lin	ling		lou	long
g								gou	gong
k								kou	kong
h								hou	hong
j	jiao	jiu	jian	jiang	jin	jing	jiong		
q	qiao	qiu	qian	qiang	qin	qing	qiong		
x	xiao	xiu	xian	xiang	xin	xing	xiong		
z								zou	zong
c								cou	cong
s								sou	song
zh								zhou	zhong
ch								chou	chong
sh								shou	
r								rou	rong
성모가 없을 때	yao	you	yan	yang	yin	ying	yong	ou	

TIP
성모가 앞에 없으면
'i'는 'y'로 표기해요!

TIP
성모가 앞에 없으면
'y'를 넣어 표기해요!

■ '一'와 '不'의 성조 변화 02-02

'一 yī'와 '不 bù'는 뒤에 오는 글자에 따라 원래의 성조가 바뀌는 카멜레온 같은 성질을 지니고 있습니다. 우선 '一 yī' 뒤에 제1성, 제2성, 제3성이 오게 되면 '一 yī'는 제4성(yì)으로 표기하고 발음합니다.

- yī + bān → yìbān 일반적으로
  一 + 般 → 一般
- yī + nián → yì nián 1년
  一 + 年 → 一年
- yī + qǐ → yìqǐ 같이
  一 + 起 → 一起

'一 yī' 뒤에 제4성, 또는 경성이 오게 되면 '一 yī'는 제2성(yí)으로 표기하고 발음합니다.

- yī + huìr → yíhuìr 잠시 후, 곧
  一 + 会儿 → 一会儿
- yī + gè → yí gè 한 개
  一 + 个 → 一个

> **TIP**
> '个 gè'는 원래 제4성이나, 문장 속에서 명사를 세는 단위인 양사로 쓰일 때에는 경성으로 표기하고 발음해요!

TIP 숫자나 날짜, 서수를 읽을 때 '一'는 제1성을 유지합니다.

'不 bù'는 원래 제4성이지만 뒤에 제4성이 오게 되면 '不 bù'는 제2성(bú)으로 표기하고 발음합니다.

- bù + yòng → bú yòng 필요 없다
  不 + 用 → 不用
- bù + shì → bú shì 아니다
  不 + 是 → 不是
- bù + cuò → bú cuò 나쁘지 않다
  不 + 错 → 不错

◻ 아래의 단어와 문장을 발음과 성조를 주의하여 크게 읽어 보세요.

◻ 문장을 읽을 때는 억양과 단어 연결에 주의하여 읽어 보세요.

你	好	再	见
nǐ	hǎo	zài	jiàn

谢谢。

Xièxie.

不客气。

Bú kèqi.

对不起。

Duìbuqǐ.

没关系。

Méi guānxi.

 회화 1 02-04

○ 叫	jiào	동	~라고 부르다
○ 什么	shénme	대	무슨, 무엇, 어떤
○ 名字	míngzi	명	이름
○ 呢	ne	조	의문문의 끝에 쓰여 의문의 어기를 나타냄
○ 姓	xìng	명	성, 성씨
○ 认识	rènshi	동	알다, 인식하다
○ 很	hěn	부	매우, 아주
○ 高兴	gāoxìng	형	기쁘다, 유쾌하다
○ 也	yě	부	~도, 또한

회화 2 02-05

○ 是	shì	동	~이다
○ 哪	nǎ	대	어느, 어떤
○ 国	guó	명	국가, 나라
○ 人	rén	명	사람
○ 中国人	Zhōngguórén	명	중국인
○ 韩国人	Hánguórén	명	한국인
○ 美国人	Měiguórén	명	미국인

小李	你叫什么名字?
	Nǐ jiào shénme míngzi?

成元	我叫成元,你呢?
	Wǒ jiào Chéngyuán, nǐ ne?

小李	我姓李,叫李雪。
	Wǒ xìng Lǐ, jiào Lǐ Xuě.

成元	认识你很高兴。
	Rènshi nǐ hěn gāoxìng.

小李	我也认识你很高兴。
	Wǒ yě rènshi nǐ hěn gāoxìng.

成元　你是哪国人？
　　　Nǐ shì nǎ guó rén?

小李　我是中国人。你也是中国人吗？
　　　Wǒ shì Zhōngguórén. Nǐ yě shì Zhōngguórén ma?

成元　不是，我是韩国人。他是哪国人？
　　　Bú shì, wǒ shì Hánguórén.　Tā shì nǎ guó rén?

小李　他是美国人。
　　　Tā shì Měiguórén.

어법 &
핵심 문형

01 형용사술어문

'형용사술어문'이란 '주어+정도부사+형용사' 형태의 문장에서 형용사가 술어의 역할을 하는 문장을 뜻합니다. 여기서 정도를 나타내는 부사로 '很 hěn'이 자주 쓰입니다.

> • 他很好。 긍정 → 他不好。 부정
>   Tā hěn hǎo.   Tā bù hǎo.
>   그는 매우 좋아.   그는 매우 좋지 않아.

위의 '他很好。'의 문장에서 '매우'라는 뜻의 '很'은 정도를 나타내는 정도부사이며, 뒤의 '好'는 형용사입니다. 이 문장에서는 형용사인 '好'가 문장의 전체를 서술하고 있습니다. 이러한 문장을 '형용사술어문'이라고 하며, '형용사술어문'의 부정은 '주어+不+형용사'로 나타냅니다.

02 동사술어문

'동사술어문'이란 '주어+동사+목적어' 형태의 문장에서 동사가 술어의 역할을 하는 문장을 뜻합니다.

> • 我是韩国人。 긍정 → 我不是韩国人。 부정
>   Wǒ shì Hánguórén.   Wǒ bú shì Hánguórén.
>   나는 한국인이야.   나는 한국인이 아니야.

위의 '我是韩国人。'의 문장에서 주어는 '我', 동사는 '是'입니다. 이 문장에서는 동사 '是'가 전체 문장을 서술하고 있습니다. 이러한 형태의 문장을 '동사술어문'이라고 하며, '동사술어문'의 부정은 '주어+不+동사+목적어'로 나타냅니다.

03 명사술어문

'명사술어문'이란 명사 자체가 술어가 되는 문장으로 '주어+명사' 형태의 문장입니다. 주로 날씨나 요일, 나이, 시간을 문답할 때 많이 쓰입니다. 명사술어문을 부정형으로 만들고자 할 때는 반드시 동사 '是'를 넣어 '不是'로 써야 한다는 것을 주의하세요.

- 我二十三岁。 [긍정] → 我不是二十三岁。 [부정]
  Wǒ èrshísān suì.   Wǒ bú shì èrshísān suì.
  나는 23살이야.   나는 23살이 아니야.

04 의문의 어기를 나타내는 '呢'

문장의 끝에서 어떠한 상황이나 의문의 어기를 표현하는 조사 '呢 ne'는 그 쓰임새가 다양합니다. 본문의 '你呢?'와 같이 명사 뒤에 쓰여 명사의 의견이나 상황을 되물을 수 있습니다.

- 我是中国人，你呢? 나는 중국인이야. 너는?
  Wǒ shì Zhōngguórén, nǐ ne?
- 我很好，你呢? 나는 매우 좋아, 너는?
  Wǒ hěn hǎo, nǐ ne?

05 A는 B 'A是B'

동사 '是'는 영어의 'is'와 같이 '~이다'라는 뜻입니다. 따라서 'A 是 B'는 'A = B'와 같은 공식이 되며, '是'의 부정은 'A 不是 B'와 같이 동사 '是'를 부정하는 형식으로 만듭니다. 정리하면 '我是学生。Wǒ shì xuésheng.(나는 학생이야.)'이란 문장은 '我 = 学生' 즉, '나는 학생이다'라는 뜻이며, 이 문장의 부정은 '我不是学生。Wǒ bú shì xuésheng.(나는 학생이 아니야.)'이 됩니다.

- 我是中国人。 [긍정] → 我不是中国人。 [부정]
  Wǒ shì Zhōngguórén.   Wǒ bú shì Zhōngguórén.
  나는 중국인이야.   나는 중국인이 아니야.
- 她是我妈妈。 [긍정] → 她不是我妈妈。 [부정]
  Tā shì wǒ māma.   Tā bú shì wǒ māma.
  그녀는 우리 엄마야.   그녀는 우리 엄마가 아니야.

06 부사 '也'

부사 '也 yě'는 주어와 주어를 설명해주는 서술어 사이에 위치하며 '~도', '역시'의 의미를 지닙니다.

① 형용사술어문인 경우

- 我也很好。 나도 매우 좋아.
  Wǒ yě hěn hǎo.

- 他也很高兴。 그도 매우 기뻐해.
  Tā yě hěn gāoxìng.

② 동사술어문인 경우

- 你也是中国人吗? 너도 중국인이니?
  Nǐ yě shì Zhōngguórén ma?

- 我也认识他。 나도 그를 알고 있어.
  Wǒ yě rènshi tā.

07 지시대명사 '这' vs '那' vs '哪'

지시대명사인 '这 zhè', '那 nà', '哪 nǎ'를 잘 활용하면 좀 더 구체적으로 의사 표현이 가능해집니다. '这', '那', '哪'의 뒤에는 자주 '儿 ér'을 붙여서 사용하는데요. '儿'은 대개 명사 뒤에 붙여 단어의 발음을 변하게 합니다. 특히 '这', '那', '哪'의 뒤에 붙는 '儿'은 지시대명사를 장소대명사로 바꾸는 역할을 합니다.

지시대명사	장소대명사
这 zhè 이, 이것	这儿 zhèr 이곳, 여기
那 nà 저, 저것	那儿 nàr 저곳, 저기
哪 nǎ 어느, 어느 것	哪儿 nǎr 어느 곳, 어디

TIP 단어 뒤에 '儿'을 붙일 때 병음 표기는 'ér'에서 'é'를 생략합니다.

교체 연습

01

A: 你叫什么名字?
Nǐ jiào shénme míngzi?
네 이름은 무엇이니?

B: <mark>我姓李，叫李雪</mark>。
Wǒ xìng Lǐ, jiào Lǐ Xuě.
내 성은 리이고, 리쉬에라고 해.

02-08

💬 빈칸에 자신의 이름을 넣어 보고, 색칠한 부분을 다양한 표현으로 바꾸어 연습해 봐요!

네 이름은 무엇이니?

❶ A: 你叫什么名字?
Nǐ jiào shénme míngzi?

나는 _____(이)라고 해.

B: <mark>我叫</mark> _____。
Wǒ jiào _____.

네 이름은 무엇이니?

❷ A: 你叫什么名字?
Nǐ jiào shénme míngzi?

나는 _____(이)야.

B: <mark>我是</mark> _____。
Wǒ shì _____.

네 이름은 무엇이니?

❸ A: 你叫什么名字?
Nǐ jiào shénme míngzi?

내 이름은 _____(이)야.

B: <mark>我的名字是</mark> _____。
Wǒ de míngzi shì _____.

교체 연습

02

A: 你是哪国人?
Nǐ shì nǎ guó rén?
너는 어느 나라 사람이니?

B: 我是中国人。
Wǒ shì Zhōngguórén.
나는 중국인이야.

💬 색칠한 부분을 다양한 표현으로 바꾸어 연습해 봐요!

①
너는 어느 나라 사람이니?
A: 你是哪国人?
Nǐ shì nǎ guó rén?

나는 일본인이야.
B: 我是日本人。
Wǒ shì Rìběnrén.

②
너는 어느 나라 사람이니?
A: 你是哪国人?
Nǐ shì nǎ guó rén?

나는 프랑스인이야.
B: 我是法国人。
Wǒ shì Fǎguórén.

③
너는 어느 나라 사람이니?
A: 你是哪国人?
Nǐ shì nǎ guó rén?

나는 영국인이야.
B: 我是英国人。
Wǒ shì Yīngguórén.

日本人 Rìběnrén 명 일본인 | 法国人 Fǎguórén 명 프랑스인 | 英国人 Yīngguórén 명 영국인

1 사진을 보고 주어진 단어를 완성하세요.

1)

____么 shénme

2)

成元

名____ míngzi

3)

____兴 gāoxìng

2 녹음을 듣고 '一'와 '不'의 성조 변화에 따라 성조를 표기하세요. 02-10

1) yıyàng

2) yızhí

3) yıqǐ

4) bu hǎo

5) bu shì

6) bu chī

3 녹음을 듣고 내용과 일치하는 사진을 고르세요. 02-11

1)

2)

3)

:: 중국의 명절

　중국의 가장 큰 명절은 한국의 설날인 '춘지에(春节 Chūn Jié)'입니다. 중국인은 춘지에 저녁에 온 가족이 모여 만두나 생선 요리를 먹으며 다가오는 새해를 맞이하는 것을 중요하게 생각합니다. 때문에 춘지에 연휴에는 한국 못지않은 민족의 대이동을 볼 수 있습니다. 또한, 한국에서처럼 세뱃돈인 '홍빠오(红包 hóngbāo)'를 서로 주고받으며 새해 덕담을 나누고, 귀신을 쫓는 의미로 폭죽을 터트리는 모습도 볼 수 있습니다.

　가장 큰 명절인 춘지에 외에도 중국에는 한국의 추석인 '종치우지에(中秋节 Zhōngqiū Jié)'와 정월대보름인 '위앤샤오지에(元宵节 Yuánxiāo Jié)' 등의 명절이 있는데요. 종치우지에가 다가오면 중국인은 보름달을 닮은 동그란 과자 '위에빙(月饼 yuèbǐng)'을 선물하며 서로 덕담을 나눕니다. 최근 뇌물의 수단으로 고가의 위에빙을 주고받아 정부에서 규제를 하고 있기는 하지만 종치우지에 전후에 위에빙이 가득한 마트나 백화점을 보면 중국인의 위에빙 사랑을 막을 수는 없는 듯합니다.

　위앤샤오지에는 중국의 비교적 중요한 명절 중 하나로 사람들은 곳곳에 등(灯 dēng)을 달아 이를 감상하고 소원을 빕니다. 이 등은 매우 화려하며 지역마다 특색을 지니고 있어 사람들에게 다양한 볼거리를 제공합니다. 또한, 깨와 설탕을 넣어 소로 만든 '위앤샤오(元宵 yuánxiāo)'라는 둥근 떡을 먹으며 온 가정의 화목을 빕니다.

03과

주소와 전화번호를 이야기해요.

你的手机号码是多少？
Nǐ de shǒujī hàomǎ shì duōshao?

학습 목표

1. 중국어로 주소와 전화번호를 묻고 답할 수 있어요.
2. 동사 '有 yǒu'와 '在 zài'의 차이점을 이해해요.
3. 부정부사 '不 bù'와 '没 méi'의 차이점을 이해해요.

🔆 성모와 복합운모의 결합표(3) 🎧 03-01

복합운모 성모	ua	uo	uai	uan	uang	uei (ui)	uen (un)	ueng	üe	üan	ün
b											
p											
m											
f											
d		duo		duan		dui	dun				
t		tuo		tuan		tui	tun				
n		nuo		nuan					nüe		
l		luo		luan			lun		lüe		
g	gua	guo	guai	guan	guang	gui	gun				
k	kua	kuo	kuai	kuan	kuang	kui	kun				
h	hua	huo	huai	huan	huang	hui	hun				
j									jue	juan	jun
q									que	quan	qun
x									xue	xuan	xun
z		zuo		zuan		zui	zun				
c		cuo		cuan		cui	cun				
s		suo		suan		sui	sun				
zh	zhua	zhuo	zhuai	zhuan	zhuang	zhui	zhun				
ch	chua	chuo	chuai	chuan	chuang	chui	chun				
sh	shua	shuo	shuai	shuan	shuang	shui	shun				
r	rua	ruo		ruan		rui	run				
성모가 없을 때	wa	wo	wai	wan	wang	wei	wen	weng	yue	yuan	yun

TIP
'j', 'q', 'x' 뒤에 오는 'ü'는 'u'로 표기해요!

TIP
'u'가 단독으로 쓰일 땐 'w'로 표기해요!

TIP
'ü'가 단독으로 쓰일 땐 'yu'로 표기해요!

맛보기 표현

📖 숫자 읽기 03-02

一 yī 일(1)

二 èr 이(2)

三 sān 삼(3)

四 sì 사(4)

五 wǔ 오(5)

六 liù 육(6)

七 qī 칠(7)

八 bā 팔(8)

九 jiǔ 구(9)

十 shí 십(10)

십(10)	이십(20)	삼십(30)	사십(40)	오십(50)
十 shí	二十 èrshí	三十 sānshí	四十 sìshí	五十 wǔshí
육십(60)	칠십(70)	팔십(80)	구십(90)	백(100)
六十 liùshí	七十 qīshí	八十 bāshí	九十 jiǔshí	一百 yìbǎi

💬 대화해 보세요!

A: 네 휴대전화 번호는 몇 번이니?

B: 010－1234－5678。
Líng yāo líng - yāo èr sān sì - wǔ liù qī bā.

TIP
번호를 읽을 때 숫자 '1'은 발음이 비슷한 다른 숫자와의 혼돈을 피하기 위해 '一 yī'가 아닌 '幺 yāo'로 읽어요!

零 líng ♣ 영(0)

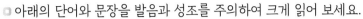

03-03

□ 아래의 단어와 문장을 발음과 성조를 주의하여 크게 읽어 보세요.

□ 문장을 읽을 때는 억양과 단어 연결에 주의하여 읽어 보세요.

叫 jiào	呢 ne	姓 xìng	很 hěn	也 yě

什么 shénme	认识 rènshi	中国人 Zhōngguórén	韩国人 Hánguórén

你叫什么名字?
Nǐ jiào shénme míngzi?

认识你很高兴。
Rènshi nǐ hěn gāoxìng.

你是哪国人?
Nǐ shì nǎ guó rén?

회화 1 🎧 03-04

○ 去	qù	동 가다
○ 咖啡店	kāfēidiàn	명 커피숍
○ 家	jiā	명 집
○ 旁边	pángbiān	명 근처, 옆
○ 有	yǒu	동 가지고 있다, 소유하다
○ 住	zhù	동 머무르다, 살다
○ 在	zài	동 존재하다, 있다 전 ~에(서)
○ 中山公寓	Zhōngshān gōngyù	종산 아파트
○ 号	hào	명 호, 번호 / 일 [날짜]

 회화 2 🎧 03-05

○ 知道	zhīdào	동 알다, 이해하다
○ 老师	lǎoshī	명 선생님
○ 的	de	조 ~의 [종속의 관계]
○ 手机	shǒujī	명 휴대전화
○ 号码	hàomǎ	명 번호
○ 吗	ma	조 문장 끝에 사용해 의문을 나타냄
○ 多少	duōshao	대 얼마, 몇 [10 이상의 수를 물을 때]
○ 没有	méiyǒu	동 없다 [소유의 부정]

小李　你去哪儿?
　　　Nǐ qù nǎr?

成元　我去咖啡店。我家旁边有咖啡店。
　　　Wǒ qù kāfēidiàn.　Wǒ jiā pángbiān yǒu kāfēidiàn.

小李　你住在哪儿?
　　　Nǐ zhù zài nǎr?

TIP
방 번호, 전화번호 등은 숫자를 하나씩 끊어서 읽어요!

成元　我家在中山公寓1208号。
　　　Wǒ jiā zài Zhōngshān gōngyù yāo èr líng bā hào.

小李 **你知道老师的手机号码吗?**
Nǐ zhīdào lǎoshī de shǒujī hàomǎ ma?

成元 **我不知道。**
Wǒ bù zhīdào.

小李 **你的手机号码是多少?**
Nǐ de shǒujī hàomǎ shì duōshao?

成元 **13366285230，你有手机吗?**
Yāo sān sān liù liù èr bā wǔ èr sān líng, nǐ yǒu shǒujī ma?

小李 **我没有手机。**
Wǒ méiyǒu shǒujī.

어법 & 핵심 문형

01 있다! '有' vs '在'

영어에서는 be 동사가 기본인 동시에 많이 사용되는 것처럼 중국어의 '有 yǒu'와 '在 zài' 역시 회화에서 가장 많이 쓰이는 기본 동사입니다. '有'와 '在'는 모두 한국어로 '~있다'로 해석하지만 그 쓰임새에는 분명한 차이가 있습니다.

'有'는 주로 뒤에 사람이나 사물이 오는 반면, '在' 뒤에는 주로 장소 또는 위치가 옵니다. 즉, '有'는 뒤에 오는 어떤 것에 대한 소유를 나타내는 반면, '在'는 뒤에 오는 장소나 위치의 존재를 나타내는 용법으로 주로 쓰입니다.

有	在
주어+有+명사 [사람·사물]	주어+在+명사 [장소·위치]
~을 가지고 있다 [소유를 나타냄]	~에 있다 [장소나 위치의 존재를 나타냄]
예 我有咖啡店。 Wǒ yǒu kāfēidiàn. 나는 커피숍을 가지고 있어.	예 我在咖啡店。 Wǒ zài kāfēidiàn. 나는 커피숍에 있어.
예 我有车。 Wǒ yǒu chē. 나는 차를 가지고 있어.	예 我在车里。 Wǒ zài chē lǐ. 나는 차 안에 있어.
예 我有朋友。 Wǒ yǒu péngyou. 나는 친구가 있어.	예 朋友在咖啡店。 Péngyou zài kāfēidiàn. 친구는 커피숍에 있어.
예 我有手机。 Wǒ yǒu shǒujī. 나는 휴대전화가 있어.	예 手机在家里。 Shǒujī zài jiā lǐ. 휴대전화는 집에 있어.

车 chē 명 차, 자동차 | 朋友 péngyou 명 친구 | 里 lǐ 명 안, 안쪽

부정부사 '不' vs '没'

중국어에서 가장 대표적으로 쓰이는 부정부사에는 '不 bù'와 '没 méi'가 있습니다. 비슷한 듯 다른 '不'와 '没'는 그 쓰임새에 차이가 있습니다. 우선 공통점부터 살펴보면, '不'와 '没'는 모두 동사와 형용사를 부정할 수 있으며, 과거, 현재, 미래를 부정할 수 있습니다. 차이점은 '不'는 주로 주관적인 부정에 쓰이는 반면 '没'는 객관적 사실의 부정에 쓰입니다. 또한, 동사 '是'를 부정할 때는 부정부사 '不'를 사용하며, 동사 '有'를 부정할 때는 부정부사 '没'를 사용합니다. '没是'나 '不有'라는 말은 없으므로 실수하지 않도록 유의해야 합니다.

不	没
🌢 동사술어·형용사술어의 부정	🌢 동사술어·형용사술어의 부정
📋 我不是中国人。 Wǒ bú shì Zhōngguórén. 나는 중국인이 아니야.	📋 我没有钱。 Wǒ méiyǒu qián. 나는 돈이 없어.
📋 我不好。 Wǒ bù hǎo. 나는 좋지 않아.	📋 天没黑。 Tiān méi hēi. 날은 아직 어두워지지 않았어.
🌢 과거, 현재, 미래를 부정할 수 있으며, 주로 현재와 미래를 부정할 때 쓰임	🌢 과거, 현재, 미래를 부정할 수 있으며, 주로 과거와 현재를 부정할 때 쓰임
📋 我不吃早饭。 Wǒ bù chī zǎofàn. 나는 아침밥을 먹지 않아. [현재]	📋 我没去过中国。 Wǒ méi qùguo Zhōngguó. 나는 중국에 가본 적이 없어. [과거]
📋 明天我不去咖啡店。 Míngtiān wǒ bú qù kāfēidiàn. 내일 나는 커피숍에 가지 않아. [미래]	📋 我没有自行车。 Wǒ méiyǒu zìxíngchē. 나는 자전거가 없어. [현재]
🌢 주관적 부정	🌢 객관적 부정
📋 我不去咖啡店。 Wǒ bú qù kāfēidiàn. 나는 커피숍에 가지 않아.	📋 我没能去咖啡店。 Wǒ méi néng qù kāfēidiàn. 나는 커피숍에 가지 못했어.

钱 qián 명 돈 | 天 tiān 명 날, 하루 | 黑 hēi 형 어둡다 | 吃 chī 동 먹다 | 早饭 zǎofàn 명 아침밥 | 明天 míngtiān 명 내일 | 过 guo 조 ~한 적이 있다 | 中国 Zhōngguó 국명 중국 | 自行车 zìxíngchē 명 자전거 | 能 néng 조동 ~할 수 있다

03 무언가를 묻고 싶을 때, 의문사 6종 세트!

중국어로 일상적인 대화를 할 때 의문사를 많이 사용하게 되는데요. 가장 대표적인 의문사로는 '언제', '어디서', '누가', '어떻게', '무엇을', '왜' 이렇게 6가지가 있습니다. 의문사를 제대로 숙지해야 질문의 의도를 파악하고 그에 맞는 대답을 할 수 있어요.

什么时候 shénme shíhou	💧 언제 [시간 또는 시기를 물을 때] 예 你什么时候吃饭? 너는 언제 밥 먹어? Nǐ shénme shíhou chīfàn?
哪儿 nǎr	💧 어디서 [장소를 물을 때] 예 你在哪儿吃饭? 너는 어디서 밥을 먹어? Nǐ zài nǎr chīfàn?
谁 shéi	💧 누가 [사람을 물을 때] 예 她是谁? 그녀는 누구야? Tā shì shéi?
怎么 zěnme	💧 어떻게 [방법 또는 방식을 물을 때] 예 我们怎么去? 우리는 어떻게 가? Wǒmen zěnme qù?
什么 shénme	💧 무엇을 [사람을 제외한 사물을 물을 때] 예 你吃什么? 너는 무엇을 먹어? Nǐ chī shénme?
为什么 wèi shénme	💧 왜 [원인이나 이유를 물을 때] 예 你为什么不吃饭? 너는 왜 밥을 먹지 않아? Nǐ wèi shénme bù chīfàn?

饭 fàn 명 밥

교체 연습

01

A: 你去哪儿?
Nǐ qù nǎr?
너 어디 가?

B: 我去咖啡店。
Wǒ qù kāfēidiàn.
나는 커피숍에 가.

03-08

💬 색칠한 부분을 다양한 표현으로 바꾸어 연습해 봐요!

① 너 어디 가?

A: 你去哪儿?
Nǐ qù nǎr?

나는 교실로 가.

B: 我去教室。
Wǒ qù jiàoshì.

② 너 어디 가?

A: 你去哪儿?
Nǐ qù nǎr?

나는 바깥으로 가.

B: 我去外面。
Wǒ qù wàimiàn.

③ 너 어디 가?

A: 你去哪儿?
Nǐ qù nǎr?

나는 중국에 가.

B: 我去中国。
Wǒ qù Zhōngguó.

教室 jiàoshì 명 교실 | 外面 wàimiàn 명 밖, 바깥

교체 연습

02

A: 你的手机号码是多少?
Nǐ de shǒujī hàomǎ shì duōshao?
네 휴대전화 번호는 몇 번이야?

🎧 03-09

B: 13366285230。
Yāo sān sān liù liù èr bā wǔ èr sān líng.
13366285230.

💬 색칠한 부분을 다양한 표현으로 바꾸어 연습해 봐요!

네 휴대전화 번호는 몇 번이야?

❶ A: 你的手机号码是多少?
Nǐ de shǒujī hàomǎ shì duōshao?

15723493219.
B: 15723493219。
Yāo wǔ qī èr sān sì jiǔ sān èr yāo jiǔ.

네 휴대전화 번호는 몇 번이야?

❷ A: 你的手机号码是多少?
Nǐ de shǒujī hàomǎ shì duōshao?

13302453789.
B: 13302453789。
Yāo sān sān líng èr sì wǔ sān qī bā jiǔ.

네 휴대전화 번호는 몇 번이야?

❸ A: 你的手机号码是多少?
Nǐ de shǒujī hàomǎ shì duōshao?

13312688459.
B: 13312688459。
Yāo sān sān yāo èr liù bā bā sì wǔ jiǔ.

1 사진을 보고 주어진 단어를 완성하세요.

1)

_____ jiā

2)

___机 shǒujī

3)

没___ méiyǒu

2 녹음을 듣고 ○ 혹은 ✕를 표기하세요. 03-10

1) 我去教室。
Wǒ qù jiàoshì.

2) 我住在203号。
Wǒ zhù zài èr líng sān hào.

3) 我的手机号码是13362785230。
Wǒ de shǒujī hàomǎ shì yāo sān sān liù èr qī bā wǔ èr sān líng.

3 녹음을 듣고 내용과 일치하는 사진을 고르세요. 03-11

1)

2)

3)

중국, 한걸음더

:: 중국의 숫자 문화

　　중국은 언어와 생활습관에 따라 선호하고 기피하는 숫자가 나뉩니다. 일반적으로 중국인은 좋은 일이 계속 되기를 바라기에 홀수보다 짝수를 선호하는 경향이 있습니다. 때문에 3일장, 49제 같은 장례와 관련된 날짜는 모두 홀수를 사용하는 반면, 선물이나 축의금 등의 기쁜 일들은 짝수를 사용합니다.

　　중국인은 대체로 숫자 6, 8, 9를 선호하는데요. '6(六 liù)'은 '순조롭다'라는 뜻인 한자 '流 liú'와 발음이 비슷하여 선호하고, 숫자 '8(八 bā)'은 '돈을 벌다'라는 뜻의 단어 '发财 fācái'의 '发 fā'와 발음이 비슷하여 중국인이 선호하는 숫자입니다. 숫자 '9(九 jiǔ)'는 '오래 되다', '영원하다'라는 뜻의 한자 '久 jiǔ'와 발음이 같기 때문에 선호합니다.

　　선호하는 숫자가 있으면 반대로 기피하는 숫자도 있겠지요? 숫자 '4(四 sì)'는 '죽다'라는 뜻을 가진 한자 '死 sǐ'와 발음이 비슷해 중국인들이 기피하는 숫자인데, 우리도 이와 비슷한 이유로 기피하는 숫자이지요. 반면 서양에서 '행운의 7'이라 불리며 선호하는 숫자인 '7(七 qī)'은 중국에서 '화나다'라는 뜻의 단어 '生气 shēngqì'의 '气 qì'와 발음이 비슷해 기피하는 숫자입니다.

04과

가족과 나이를 이야기해요.

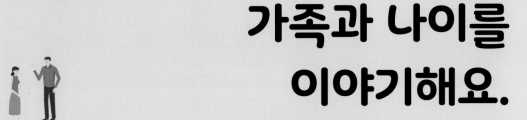

你家有几口人?

Nǐ jiā yǒu jǐ kǒu rén?

학습 목표

1. 중국어로 자신의 가족을 소개하고 나이를 이야기할 수 있어요.
2. 양사 '口 kǒu', '杯 bēi', '件 jiàn'을 구분할 수 있어요.
3. 정반의문문을 문장에 사용할 수 있어요.

🔆 중국어 발음 마무리 연습 🎧 04-01

앞서 배운 성조와 운모, 성조에 주의하며 아래 단어를 읽어 보세요.

猫 māo	飞 fēi	高 gāo	唱 chàng
		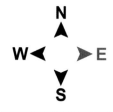	
病 bìng	山 shān	东 dōng	牛 niú

钱 qián	桥 qiáo	熊 xióng	腿 tuǐ

困 kùn	花 huā	雪 xuě	说 shuō

맛보기 표현

중국의 가계도  04-02

爷爷 할아버지
yéye

奶奶 할머니
nǎinai

外公 외할아버지
wàigōng

外婆 외할머니
wàipó

爸爸 아빠
bàba

妈妈 엄마
māma

哥哥 형/오빠
gēge

姐姐 누나/언니
jiějie

我 나
wǒ

弟弟 남동생
dìdi

妹妹 여동생
mèimei

TIP '이모'는 '阿姨 āyí', '삼촌'은 '叔叔 shūshu'입니다.

대화해 보세요!

A: 你家有几口人? 너희 가족은 몇 명이니?

Nǐ jiā yǒu jǐ kǒu rén?

B: 我家有_____口人。 우리 가족은 _____명이야.

Wǒ jiā yǒu _____ kǒu rén.

04-03

☐ 아래의 표현과 단어를 성조에 유의하여 크게 읽어 보세요.

☐ 문장을 읽을 때는 억양과 단어 연결에 주의하여 읽어 보세요.

家 jiā	号 hào	有 yǒu	住 zhù
旁边 pángbiān	知道 zhīdào	手机 shǒujī	多少 duōshao

你去哪儿?

Nǐ qù nǎr?

你的手机号码是多少?

Nǐ de shǒujī hàomǎ shì duōshao?

13366285230。

Yāo sān sān liù liù èr bā wǔ èr sān líng.

회화1

谁	shéi	대 누구
漂亮	piàoliang	형 아름답다, 예쁘다
几	jǐ	수 몇 [10 이하의 수를 물을 때]
口	kǒu	양 식구 [가족을 세는 단위]
和	hé	접 ~와, ~과

회화2

今年	jīnnián	명 올해
多	duō	부 얼마나
大	dà	형 크다
岁	suì	양 ~살, ~세 [나이를 세는 단위]
比	bǐ	전 ~에 비하여, ~보다
小	xiǎo	형 작다
学生	xuésheng	명 학생
学校	xuéxiào	명 학교
学	xué	동 배우다, 학습하다
汉语	Hànyǔ	명 중국어

小李　她是谁？ 很漂亮。
　　　Tā shì shéi?　Hěn piàoliang.

成元　她是我姐姐。
　　　Tā shì wǒ jiějie.

小李　你家有几口人？
　　　Nǐ jiā yǒu jǐ kǒu rén?

成元　我家有五口人，
　　　Wǒ jiā yǒu wǔ kǒu rén,

　　　爸爸、妈妈、姐姐、弟弟和我。
　　　bàba、māma、jiějie、dìdi hé wǒ.

小李
今年你多大?
Jīnnián nǐ duō dà?

成元
23岁。 你呢?
Èrshísān suì. Nǐ ne?

> **TIP**
> 명사 자체가 술어가 되는 명사술어문!
> 자세한 설명은 2과의 어법&핵심 문형을 참고하세요!

小李
我今年22岁。 你弟弟多大?
Wǒ jīnnián èrshí'èr suì. Nǐ dìdi duō dà?

成元
他今年19岁。 他比我小4岁。
Tā jīnnián shíjiǔ suì. Tā bǐ wǒ xiǎo sì suì.

小李
你弟弟是不是学生?
Nǐ dìdi shì bu shì xuésheng?

> **TIP**
> '在'는 동사로 쓰이면 '~에 있다'
> 라는 뜻이라고 3과에서 배웠죠?
> 여기서 '在'는 '~에(서)'라는 뜻의
> 전치사로 쓰였어요!

成元
是, 他在学校学汉语。
Shì, tā zài xuéxiào xué Hànyǔ.

어법 &
핵심 문형

01 얼마? '几' vs '多少'

수를 물을 때 쓰이는 '几 jǐ'와 '多少 duōshao'는 그 뜻이 비슷해 보이지만 실제 쓰임에는 차이가 있습니다.

几	多少
🔹 (어린아이의) 나이, 날짜 등을 셀 때 쓰임 🔹 10 이하의 수를 물을 때 쓰임 예 你几岁? 너는 몇 살이니? 　　Nǐ jǐ suì? 예 今天几月几号? 　　Jīntiān jǐ yuè jǐ hào? 　　오늘은 몇 월 며칠인가요?	🔹 가격이나 번호 등을 셀 때 쓰임 🔹 10 이상의 수를 물을 때 쓰임 예 多少钱? 얼마예요? 　　Duōshao qián? 예 你的手机号码是多少? 　　Nǐ de shǒujī hàomǎ shì duōshao? 　　네 휴대전화 번호는 몇 번이니?

02 양사 '口' & '杯' & '件'

중국어에서는 '몇 개', '몇 자루' 등 명사를 셀 때 쓰이는 단위를 나타내는 품사를 '양사'라고 하는데요. 우리말에서와 같이 중국어 역시 수많은 양사가 존재합니다. 차이점이 있다면 주로 명사를 먼저 쓰는 우리말과는 달리 중국어는 '숫자＋양사＋명사' 순서로 씁니다.

본문에 나온 양사 '口 kǒu'는 식구를 세는 단위입니다. 또한, 생활 속에서 자주 쓰이는 양사 중 하나인 '杯 bēi'는 액체류가 담긴 '잔' 등을 세는 단위입니다. '件 jiàn'은 주로 옷(衣服 yīfu), 사건(事情 shìqing) 등을 세는 단위로 사용되는 양사인데요. 단독으로 쓰여도 '옷'이나 '사건'을 표현할 수 있기 때문에 앞뒤 문맥을 살펴 그 의미를 잘 파악해야 합니다.

口	杯	件
🔹 '식구'를 세는 단위 예 六口人 여섯 식구 　　liù kǒu rén	🔹 '잔' 등을 세는 단위 예 一杯咖啡 커피 한 잔 　　yì bēi kāfēi 예 一杯茶 차 한 잔 　　yì bēi chá	🔹 '옷', '사건'을 세는 단위 예 一件衣服 옷 한 벌 　　yí jiàn yīfu 예 一件事情 사건 한 건 　　yí jiàn shìqing

今天 jīntiān 명 오늘 ｜ 月 yuè 명 월 ｜ 号 hào 명 일 ｜ 咖啡 kāfēi 명 커피 ｜ 茶 chá 명 차 [음료] ｜ 衣服 yīfu 명 옷, 의복 ｜ 事情 shìqing 명 일, 사건, 사정

03 비교의 '比'

전치사 '比 bǐ'는 'A比B'의 형식으로 A, B의 특징이나 성질을 비교할 때 쓰여 비교문을 만듭니다. 예를 들어 'A比B高'라고 하면 'A는 B보다 (키가) 크다'라고 해석되기 때문에 A와 B의 순서가 바뀌지 않도록 주의해서 사용해야 합니다. 또한, '比'는 '很 hěn'이나 '非常 fēicháng'과 같은 정도를 나타내는 부사와는 함께 사용할 수 없으므로 기억해 두세요.

- 我比他小四岁。 나는 그보다 4살 어려. ○
  Wǒ bǐ tā xiǎo sì suì.

- 姐姐比妹妹漂亮。 언니는 여동생보다 예뻐. ○
  Jiějie bǐ mèimei piàoliang.

- 他比我很高。 ✕
  Tā bǐ wǒ hěn gāo.

- 哥哥比我非常帅。 ✕
  Gēge bǐ wǒ fēicháng shuài.

04 맞니, 아니니? '是不是'

앞서 배운 동사 '是 shì'는 의문을 표현할 때 문장의 마지막 부분에 의문조사 '吗 ma'를 붙이지만 '是不是 shì bu shì'를 사용하면 '吗'를 생략한 정반의문문을 만들 수 있습니다. 한국어로 '맞니, 아니니?' 정도로 해석할 수 있습니다.

- 你是学生吗? → 你是不是学生?
  Nǐ shì xuésheng ma?　　Nǐ shì bu shì xuésheng?
  너는 학생이니?　　　　너는 학생이니, 아니니?

- 你是中国人吗? → 你是不是中国人?
  Nǐ shì Zhōngguórén ma?　　Nǐ shì bu shì Zhōngguórén?
  너는 중국인이니?　　　　　너는 중국인이니, 아니니?

高 gāo 형 (키가) 크다 | 帅 shuài 형 잘생기다

01 她是谁？很漂亮。

Tā shì shéi?　　Hěn piàoliang.

그녀는 누구야?　　정말 아름답다.

💬 색칠한 부분을 다양한 표현으로 바꾸어 연습해 봐요!

그녀는 누구야?　　정말 귀엽네.

❶ 她是谁？很可爱。

Tā shì shéi?　　Hěn kě'ài.

그는 누구야?　　정말 잘생겼네.

❷ 他是谁？很帅。

Tā shì shéi?　　Hěn shuài.

그녀는 누구야?　　정말 똑똑하네.

❸ 她是谁？很聪明。

Tā shì shéi?　　Hěn cōngming.

可爱 kě'ài 형 귀엽다 ｜ 聪明 cōngming 형 똑똑하다

02

A: 你弟弟多大?
Nǐ dìdi duō dà?
네 남동생은 몇 살이니?

B: 19岁。
Shíjiǔ suì.
19살이야.

💬 빈칸을 채워 보고, 색칠한 부분을 다양한 표현으로 바꾸어 연습해 봐요!

네 여동생은 몇 살이니?

① A: 你妹妹多大?
Nǐ mèimei duō dà?
_____살이야.

B: _____岁。
_____suì.

네 오빠(형)는 몇 살이니?

② A: 你哥哥多大?
Nǐ gēge duō dà?
_____살이야.

B: _____岁。
_____suì.

네 언니(누나)는 몇 살이니?

③ A: 你姐姐多大?
Nǐ jiějie duō dà?
_____살이야.

B: _____岁。
_____suì.

1 녹음을 듣고 알맞은 성조를 표시하세요. 🎧04-10

1) jı

2) kou

3) suı

4) ye

5) jīnnian

6) duo dà

7) xuéxiao

8) Hanyǔ

2 사진을 보고 아래의 문장을 완성하세요.

1)

你弟弟是_____是学生？

Nǐ dìdi shì _____ shì xuésheng?

네 남동생은 학생이니, 아니니?

2)

我_____他大三岁。

Wǒ _____ tā dà sān suì.

나는 그보다 3살 더 많아.

3 녹음을 듣고 ◯ 혹은 ✕를 표기하세요. 🎧 04-11

1) 我家有八口人。
   Wǒ jiā yǒu bā kǒu rén.

2) 她是我姐姐。
   Tā shì wǒ jiějie.

3) 22岁。
   Èrshí'èr suì.

4 녹음을 듣고 내용과 일치하는 사진을 고르세요. 🎧 04-12

1)

2)

3)

:: 중국의 교육

　중국의 교육은 기본적으로 만 3세인 유치원부터 시작됩니다. 이후로는 우리나라의 초등학교인 '小学 xiǎoxué'와 중학교인 '初中 chūzhōng', 고등학교인 '高中 gāozhōng'으로 분류됩니다. 우리나라와 똑같은 6년-3년-3년 과정이지만 지역에 따라 조금씩 차이가 있습니다. 또한, 3월에 개학하는 우리나라와는 달리 중국은 9월에 신학기가 시작됩니다.

　중국의 대학 입시는 보통 6월에 시행되는데, 우리나라에 대학수학능력시험이 있다면 중국에는 '高考 gāokǎo'가 있습니다. '高考'는 보통 2~3일에 걸쳐 치러지며 감독관들이 철저하게 관리·감독하는 것으로 유명한데, CCTV까지 동원된다고 합니다. 특이한 것은 각 지역별로 대학 입학 인원수에 차등을 두고 있다는 것인데 즉, 같은 점수를 받은 학생이라도 거주하는 지역에 따라 같은 대학에 입학하지 못할 수도 있습니다. 대체로 입학 인원을 할당할 때 해당 대학 주변에 거주하는 학생들을 우선으로 하기 때문에 모두가 입학하길 바라는 명문대학 주변의 집값은 매우 높게 형성되어 있습니다. '맹모삼천지교(孟母三迁之教)'의 나라답게 중국의 교육열도 한국 못지않게 뜨겁습니다.

05 과

날짜와 시간을 이야기해요.

现在几点?
Xiànzài jǐ diǎn?

학습 목표

1. 중국어로 날짜와 요일을 묻고 답할 수 있어요.
2. 중국어로 시간을 표현할 수 있어요.

아래의 표현과 단어를 성조에 유의하여 크게 읽어 보세요.

문장을 읽을 때는 억양과 단어 연결에 주의하여 읽어 보세요.

谁	几	口	岁
shéi	jǐ	kǒu	suì

漂亮	今年	学生	汉语
piàoliang	jīnnián	xuésheng	Hànyǔ

你家有几口人?
Nǐ jiā yǒu jǐ kǒu rén?

今年你多大?
Jīnnián nǐ duō dà?

他在学校学汉语。
Tā zài xuéxiào xué Hànyǔ.

새로운 단어

회화 1 🎧 05-02

○ 今天	jīntiān	명	오늘
○ 生日	shēngrì	명	생일
○ 快乐	kuàilè	형	즐겁다, 축하하다
○ 月	yuè	명	달, 월

회화 2 🎧 05-03

○ 喂	wéi	감	(전화상에서) 여보세요
○ 什么时候	shénme shíhou		언제
○ 能	néng	조동	~할 수 있다, ~할 줄 안다
○ 见面	jiànmiàn	동	만나다, 대면하다
○ 星期	xīngqī	명	주, 요일
○ 怎么样	zěnmeyàng	대	어떠하냐
○ 现在	xiànzài	명	지금, 현재
○ 点	diǎn	명	시 [시간의 단위]
○ 分	fēn	명	분 [시간의 단위]
○ 事	shì	명	일, 사건
○ 要	yào	조동	~하려고 하다 동 원하다
○ 图书馆	túshūguǎn	명	도서관

小李　今天是我的生日。
　　　Jīntiān shì wǒ de shēngrì.

成元　生日快乐！
　　　Shēngrì kuàilè!

小李　你的生日是几月几号？
　　　Nǐ de shēngrì shì jǐ yuè jǐ hào?

成元　我的生日是10月4号。
　　　Wǒ de shēngrì shì shí yuè sì hào.

회화 2 🎧 05-05

小李　　喂？
　　　　Wéi?

成元　　我是成元。我们什么时候能见面？
　　　　Wǒ shì Chéngyuán. Wǒmen shénme shíhou néng jiànmiàn?

TIP
'能'은 조동사로 쓰이면 '~할 수 있다'라는 뜻입니다. 조동사는 동사를 도와주는 품사이므로 동사 앞에 위치합니다.

小李　　星期三，怎么样？
　　　　Xīngqīsān, zěnmeyàng?

成元　　好。现在几点？
　　　　Hǎo.　Xiànzài jǐ diǎn?

小李　　三点二十五分。你有什么事？
　　　　Sān diǎn èrshíwǔ fēn.　Nǐ yǒu shénme shì?

成元　　我要去图书馆。
　　　　Wǒ yào qù túshūguǎn.

01 날짜와 요일 읽기

중국어로 년, 월, 일은 '年 nián(년)', '月 yuè(월)', '号 hào(일)'로 읽습니다.

① 연도(年)를 읽을 때는 숫자를 하나씩 떼어서 읽습니다.

- 2008年 → 2 + 0 + 0 + 8 + 年 → 二零零八年 èr líng líng bā nián
- 1983年 → 1 + 9 + 8 + 3 + 年 → 一九八三年 yī jiǔ bā sān nián

② 월(月)을 읽을 때는 숫자 단위를 그대로 읽습니다.

- 12月 → 12 + 月 → 十二月 shí'èr yuè
- 6月 → 6 + 月 → 六月 liù yuè

③ 일(号)을 읽을 때 역시 숫자 단위를 그대로 읽습니다.

- 23号 → 23 + 号 → 二十三号 èrshísān hào
- 19号 → 19 + 号 → 十九号 shíjiǔ hào

TIP '일'은 글로 쓸 때는 '日 rì'라고 쓰고, 말할 때는 주로 '号 hào'를 사용합니다.

중국어로 요일은 '星期 xīngqī' 또는 '周 zhōu'로 읽습니다.

월요일	화요일	수요일	목요일	금요일	토요일	일요일
星期一 xīngqīyī	星期二 xīngqī'èr	星期三 xīngqīsān	星期四 xīngqīsì	星期五 xīngqīwǔ	星期六 xīngqīliù	星期天(日) xīngqītiān(rì)
=周一 zhōuyī	=周二 zhōu'èr	=周三 zhōusān	=周四 zhōusì	=周五 zhōuwǔ	=周六 zhōuliù	=周日 zhōurì

중국어로 '시'는 '点 diǎn', 분은 '分 fēn'으로 읽습니다. 즉, 1시를 중국어로 읽을 때는 '一点 yī diǎn'으로, 13분을 중국어로 읽을 때는 '十三分 shísān fēn'으로 읽습니다. 만약 3시 23분을 중국어로 말하고 싶다면 '三点二十三分 sān diǎn èrshísān fēn'이라고 읽을 수 있습니다.

三点二十三分
sān diǎn èrshísān fēn

그렇다면 7시 30분을 중국어로 읽는다면 어떻게 읽어야 할까요? 앞서 언급한 것과 같이 '七点三十分 qī diǎn sānshí fēn'으로 읽을 수도 있지만 우리말에서와 같이 절반을 뜻하는 '半 bàn'이라는 단어를 써서 '七点半 qī diǎn bàn'이라고도 읽을 수 있습니다.

七点半
qī diǎn bàn

또한, 중국어에서는 '刻 kè'라는 15분을 가리키는 단위의 단어를 시간에 사용하기도 합니다. '一刻 yí kè'는 15분, '三刻 sān kè'는 45분이 됩니다. 따라서, 4시 45분은 '四点三刻 sì diǎn sān kè'라고 표현할 수 있습니다.

四点三刻
sì diǎn sān kè

흥미로운 점은 중국어에도 역시 우리말에서와 같이 '~분 전'이라는 표현이 존재하는데요. '모자라다'라는 뜻의 동사 '差 chà'를 써서 '~분 전'이라고 표현하기도 합니다. 따라서 3시 50분 즉, 4시 10분 전은 '差十分四点 chà shí fēn sì diǎn'이라고 표현하면 됩니다.

差十分四点
chà shí fēn sì diǎn

TIP '2시'는 '二点'이 아니라 '两点'으로 표현해요!

교체 연습

01

05-06

A: 你的生日是几月几号?
Nǐ de shēngrì shì jǐ yuè jǐ hào?
네 생일은 몇 월 며칠이야?

B: 十月四号。
Shí yuè sì hào.
10월 4일이야.

💬 색칠한 부분을 다양한 표현으로 바꾸어 연습해 봐요!

네 생일은 몇 월 며칠이야?

❶ A: 你的生日是几月几号?
Nǐ de shēngrì shì jǐ yuè jǐ hào?

5월 21일이야.

B: 五月二十一号。
Wǔ yuè èrshíyī hào.

네 생일은 몇 월 며칠이야?

❷ A: 你的生日是几月几号?
Nǐ de shēngrì shì jǐ yuè jǐ hào?

11월 26일이야.

B: 十一月二十六号。
Shíyī yuè èrshíliù hào.

네 생일은 몇 월 며칠이야?

❸ A: 你的生日是几月几号?
Nǐ de shēngrì shì jǐ yuè jǐ hào?

1월 30일이야.

B: 一月三十号。
Yī yuè sānshí hào.

02 A: 我们什么时候去?
Wǒmen shénme shíhou qù?
우리는 언제 가?

05-07

B: 星期三。
Xīngqīsān.
수요일.

💬 색칠한 부분을 다양한 표현으로 바꾸어 연습해 봐요!

우리는 언제 가?
❶ A: 我们什么时候去?
Wǒmen shénme shíhou qù?

이번 주.
B: 这星期。
Zhè xīngqī.

우리는 언제 가?
❷ A: 我们什么时候去?
Wǒmen shénme shíhou qù?

다음 주.
B: 下星期。
Xià xīngqī.

우리는 언제 가?
❸ A: 我们什么时候去?
Wǒmen shénme shíhou qù?

다음 주 화요일.
B: 下星期二。
Xià xīngqī'èr.

这星期 zhè xīngqī 이번 주 | 下星期 xià xīngqī 다음 주 [上星期 shàng xīngqī 지난주]

1 녹음을 듣고 알맞은 성조를 표시하세요. 05-08

1) yue

2) hao

3) wei

4) dian

5) shēngrı

6) xıngqī

7) jianmiàn

8) tushūguǎn

2 사진을 보고 아래의 문장을 완성하세요.

1)

你的生日是＿＿＿月＿＿＿号?

Nǐ de shēngrì shì ＿＿＿＿＿＿ yuè ＿＿＿＿＿＿ hào?

네 생일은 몇 월 며칠이니?

2)

我＿＿＿＿去图书馆。

Wǒ ＿＿＿＿＿＿ qù túshūguǎn.

나는 도서관으로 갈 거야.

3 녹음을 듣고 ◯ 혹은 ✕를 표기하세요.

1) 我的生日是十月四号。

   Wǒ de shēngrì shì shí yuè sì hào.

2) 明天是我的生日。

   Míngtiān shì wǒ de shēngrì.

3) 3点25分。

   Sān diǎn èrshíwǔ fēn.

4 녹음을 듣고 내용과 일치하는 그림을 고르세요.

1)

2)

3)

중국, 한걸음더

:: 선물을 고를 때는 신중히!

중국인은 체면과 교류를 중시하여 선물 주고받는 것을 좋아합니다. 병문안을 가거나 먼 곳으로 여행을 다녀오거나, 멀리 떠나는 친구를 전송하는 등 선물을 주고받을 일들이 많은데요. 중국인과 선물을 주고받을 때 주의해야 하는 물건들이 있습니다. 대표적으로 괘종시계와 과일 배, 우산이 있습니다. 괘종의 '종'은 중국어로 '钟 zhōng'으로 '끝나다', '마치다'라는 뜻을 가지고 있기 때문에 괘종시계를 선물로 준다는 것은 관계의 단절을 의미합니다. 그렇다면 과일 배는 왜 기피하는 선물이 되었을까요? 배를 뜻하는 '梨 lí'는 중국어로 '떠나다'라는 의미의 단어 '离 lí'와 발음이 같기 때문입니다. 또한, 우산의 '伞 sǎn'은 '헤어지다'라는 뜻의 '散 sàn'과 발음이 비슷해서 역시 선물로 기피하는 물건입니다.

이렇게 기피하는 물건이 있다면 반대로 선호하는 물건도 있겠지요? 바로 사과와 귤, 복숭아가 그 대표적인 예인데요. 사과(苹果 píngguǒ)의 '苹 píng'은 '평안하다(平安 píng'ān)'라는 뜻을 나타내며, 귤(桔子 júzi)은 '길하다'라는 뜻의 '吉 jí'와 관련이 있습니다. 복숭아(桃子 táozi)는 '도망가다'라는 뜻의 '逃 táo'와 관련이 있어, 병문안을 갈 때 복숭아를 사가지고 가면, 병이 달아나 장수를 기원한다는 의미가 있어서 중국인에게 좋은 선물이 됩니다. 이 밖에 남자는 술, 담배, 차를, 여자는 화장품이나 액세서리와 같은 물건을 선물로 선호하는 경향이 있습니다.

06 과

친구와 약속을 해요.

我们一起去玩电脑游戏吧。

Wǒmen yìqǐ qù wán diànnǎo yóuxì ba.

학습 목표

1. 중국어로 친구와 약속할 수 있어요.

2. 선택의문문 'A 还是 B?' 용법을 문장에 사용할 수 있어요.

3. '二 èr'과 '两 liǎng'을 구분할 수 있어요.

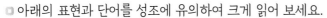

아래의 표현과 단어를 성조에 유의하여 크게 읽어 보세요.

문장을 읽을 때는 억양과 단어 연결에 주의하여 읽어 보세요.

月 yuè	喂 wéi	点 diǎn	分 fēn

生日 shēngrì	快乐 kuàilè	星期 xīngqī	现在 xiànzài

你的生日是几月几号?

Nǐ de shēngrì shì jǐ yuè jǐ hào?

现在几点?

Xiànzài jǐ diǎn?

你有什么事?

Nǐ yǒu shénme shì?

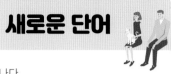

회화 1 06-02

○ 下课	xiàkè	동 수업이 끝나다
○ 以后	yǐhòu	명 이후
○ 一起	yìqǐ	부 같이, 함께
○ 玩	wán	동 놀다
○ 电脑	diànnǎo	명 컴퓨터
○ 游戏	yóuxì	명 게임 동 게임하다
○ 吧	ba	조 문장 끝에 쓰여 동의 또는 승낙을 표현함
○ 对	duì	전 ~에 형 맞다, 옳다
○ 眼睛	yǎnjing	명 눈 [신체]
○ 外面	wàimiàn	명 밖, 바깥
○ 跑步	pǎobù	동 달리다, 뛰다
○ 公园	gōngyuán	명 공원
○ 见	jiàn	동 만나다, 마주치다

회화 2 06-03

○ 杯	bēi	양 '잔'을 세는 단위
○ 咖啡	kāfēi	명 커피
○ 还是	háishi	접 또는, 아니면
○ 茶	chá	명 차
○ 喝	hē	동 마시다
○ 累	lèi	형 피곤하다, 지치다
○ 服务员	fúwùyuán	명 종업원
○ 来	lái	동 오다 / 주다, 하다
○ 两	liǎng	수 둘(2)
○ 等	děng	동 기다리다
○ 一下(儿)	yíxià(r)	양 한번 ~하다, 좀 ~하다

小李　下课以后我们一起去玩电脑游戏吧。
Xiàkè yǐhòu wǒmen yìqǐ qù wán diànnǎo yóuxì ba.

成元　玩电脑对眼睛不好。
Wán diànnǎo duì yǎnjing bù hǎo.

去外面跑步怎么样?
Qù wàimiàn pǎobù zěnmeyàng?

小李　好，在公园见吧。
Hǎo, zài gōngyuán jiàn ba.

服务员　**你们要什么?**
　　　　Nǐmen yào shénme?

成元　**我要一杯咖啡。小李，你要咖啡还是茶?**
　　　Wǒ yào yì bēi kāfēi.　　Xiǎo Lǐ, nǐ yào kāfēi háishi chá?

小李　**今天我很累。我也要喝咖啡。**
　　　Jīntiān wǒ hěn lèi.　　Wǒ yě yào hē kāfēi.

成元　**服务员，来两杯咖啡。**
　　　Fúwùyuán, lái liǎng bēi kāfēi.

服务员　**好，等一下。**
　　　　Hǎo, děng yíxià.

01 선택의문문 'A 还是 B?'

'还是 háishi'는 여러 가지 뜻이 있지만 접속사로 쓰이게 되면 '~또는', '아니면'의 뜻으로 의문문에 쓰여서 어떠한 것에 대한 선택을 나타냅니다. 즉, 'A 还是 B?'의 문장은 'A' 또는 'B'를 선택하게 만드는 의문 형식의 문장입니다.

- 你去还是不去? 너 갈래, 아니면 가지 않을래?
  Nǐ qù háishi bú qù?

- 你喝咖啡还是喝茶? 너 커피 마실래, 아니면 차 마실래?
  Nǐ hē kāfēi háishi hē chá?

- 你高兴还是不高兴? 너 기쁘니, 아니면 기쁘지 않니?
  Nǐ gāoxìng háishi bù gāoxìng?

02 헷갈리는 '二' vs '两'

우리말로 2를 셀 때 '이'와 '둘'이라고 구분해서 말하듯이 중국어에도 '二 èr'과 '两 liǎng'이 있습니다.

'二'은 '二十 èrshí(이십, 20)'와 같이 '十' 앞에 쓰일 수 있습니다. 또한, '第二个 dì èr ge(두 번째)'와 같은 서수나 분수, 소수 앞에는 모두 '二'을 씁니다.

- 二十个人 èrshí ge rén 20명
- 第二课 dì èr kè 두 번째 수업
- 三分之二 sān fēn zhī èr 2/3 / 百分之二 bǎi fēn zhī èr 2/100
- 二点三五 èr diǎn sān wǔ 2.35

个 gè(ge) 양 개, 명 [사물·사람 등을 세는 단위이며 가장 보편적으로 쓰이는 양사] | A分之B A fēnzhī B A분의 B

'两'은 양사 앞이나 '百 bǎi(백)', '千 qiān(천)', '万 wàn(만)' 등의 수를 나타내는 단위 앞에 주로 쓰입니다.

- 两个 liǎng ge 두 개 / 两杯 liǎng bēi 두 잔
- 两百 liǎngbǎi 이백(200)
- 两千 liǎngqiān 이천(2,000)
- 两万 liǎngwàn 이만(20,000)

03 '동사＋一下'

'一下 yíxià'는 동사의 뒤에 위치하여 동사를 시험 삼아 해보거나, 또는 무언가를 제안할 때 자주 쓰입니다. 주의할 점은 사람의 감정은 강요하거나 제안할 수 없는 성질이기 때문에 일반적으로 사람의 감정을 표현하는 동사 뒤에는 '一下'를 잘 사용하지 않으며, 예외적인 상황에서도 유의해서 사용해야 합니다.

- 说一下。 말해 보세요. ○
  Shuō yíxià.
- 想一下。 생각해 보세요. ○
  Xiǎng yíxià.
- 爱一下。 ✕
  Ài yíxià.

千 qiān 수 천(1,000) | 万 wàn 수 만(10,000) | 说 shuō 동 말하다 | 想 xiǎng 동 생각하다, 바라다 |
爱 ài 동 사랑하다

01

A: 你要什么?
Nǐ yào shénme?
넌 무엇을 원하니?

B: 我要一杯咖啡。
Wǒ yào yì bēi kāfēi.
난 커피 한 잔을 원해.

06-06

💬 색칠한 부분을 다양한 표현으로 바꾸어 연습해 봐요!

넌 무엇을 원하니?

❶ A: 你要什么?
Nǐ yào shénme?

난 차 한 잔을 원해.

B: 我要一杯茶。
Wǒ yào yì bēi chá.

넌 무엇을 원하니?

❷ A: 你要什么?
Nǐ yào shénme?

난 물 한 잔을 원해.

B: 我要一杯水。
Wǒ yào yì bēi shuǐ.

넌 무엇을 원하니?

❸ A: 你要什么?
Nǐ yào shénme?

난 옷 한 벌을 원해.

B: 我要一件衣服。
Wǒ yào yí jiàn yīfu.

水 shuǐ 명 물

02

A: 你要咖啡还是茶?
Nǐ yào kāfēi háishi chá?
커피를 원하나요, 아니면 차를 원하나요?

B: 来两杯咖啡。
Lái liǎng bēi kāfēi.
커피 두 잔 주세요.

06-07

💬 색칠한 부분을 다양한 표현으로 바꾸어 연습해 봐요!

너 가니, 아니면 안 가니? / 너 갈 거니, 아니면 안 갈 거니?

❶ A: 你去还是不去?
Nǐ qù háishi bú qù?

나는 갈 거야.

B: 我去。
Wǒ qù.

너는 도서관에 가려고 하니, 아니면 공원에 가려고 하니?

❷ A: 你要去图书馆还是去公园?
Nǐ yào qù túshūguǎn háishi qù gōngyuán?

나는 공원에 가려고 해.

B: 我要去公园。
Wǒ yào qù gōngyuán.

너는 커피숍에 갈 거니, 아니면 집으로 돌아갈 거니?

❸ A: 你要去咖啡店还是回家?
Nǐ yào qù kāfēidiàn háishi huí jiā?

나는 커피숍에 갈 거야.

B: 我要去咖啡店。
Wǒ yào qù kāfēidiàn.

回家 huí jiā 집으로 돌아가다

1 녹음을 듣고 알맞은 성조를 표시하세요. 06-08

1) dui   2) bei   3) cha   4) wan

5) shi jiān   6) xiàke   7) pǎobu   8) haishi

2 사진을 보고 아래의 문장을 완성하세요.

1)

你要咖啡_____茶?

Nǐ yào kāfēi _____ chá?

커피를 원하세요, 아니면 차를 원하세요?

2)

我要一_____咖啡。

Wǒ yào yì _____ kāfēi.

저는 커피 한 잔을 원해요.

3 녹음을 듣고 ◯ 혹은 ✕를 표기하세요. 06-09

1) 下课以后我们一起去玩电脑游戏吧。
   Xiàkè yǐhòu wǒmen yìqǐ qù wán diànnǎo yóuxì ba.

2) 我要两杯咖啡。
   Wǒ yào liǎng bēi kāfēi.

3) 今天我很累。
   Jīntiān wǒ hěn lèi.

4 녹음을 듣고 내용과 일치하는 사진을 고르세요. 06-10

1)

2)

3)

중국, 한 걸음 더

∷ 중국의 고속도로와 고속철

　　중국은 매우 넓은 영토를 가지고 있는 국가라서 그만큼 다양한 교통수단이 발달되어 있습니다. 중국은 특히 고속도로(高速公路 gāosù gōnglù)가 발달되어 있는데요. 본토에 건설되어 있는 고속도로의 총 길이는 약 130,000km에 이릅니다. 중국에서 가장 긴 고속도로 구간은 경부고속도로 길이의 10배에 달하는 장쑤성(江苏省 Jiāngsūshěng)에서 신장(新疆 Xīnjiāng) 위구르자치구까지의 고속도로입니다. 이 구간의 길이는 무려 4,300km에 달합니다. 특이한 점은 장거리 운행으로 인한 사고를 막기 위해 대형 트럭과 버스의 야간 운행을 금지하고 있다는 것인데요. 새벽 2시부터 5시까지 대형 차량은 고속도로 내에서 운행을 할 수 없습니다.

　　비록 고속도로가 잘 발달되어 있기는 하지만 중국은 영토가 매우 넓기 때문에 최근 개통한 고속철(高铁 gāotiě)이 새로운 교통수단으로 사람들의 각광을 받고 있는데요. 현재 세계 고속철의 절반 이상이 중국에 집중되어 있는 상황입니다. 고속철의 개통은 베이징에서 상하이까지의 거리 1,300km를 4시간 40분으로 줄여주었습니다. 고속철은 무척 빠르고 편리하지만 비행기와 비슷한 가격대로 비싸다는 단점이 있습니다.

07 과

취미를 이야기해요.

你喜欢什么运动?
Nǐ xǐhuan shénme yùndòng?

학습 목표

1. 중국어로 취미를 묻고 답할 수 있어요.
2. '虽然 A, 但是 B suīrán A, dànshì B' 용법을 문장에 사용할 수 있어요.
3. 동사 '骑 qí'와 '坐 zuò'의 차이점을 이해해요.

07-01

🔲 아래의 표현과 단어를 성조에 유의하여 크게 읽어 보세요.

🔲 문장을 읽을 때는 억양과 단어 연결에 주의하여 읽어 보세요.

玩 wán	对 duì	杯 bēi	来 lái
一起 yìqǐ	下课 xiàkè	电脑 diànnǎo	跑步 pǎobù

玩电脑对眼睛不好。

Wán diànnǎo duì yǎnjing bù hǎo.

我要一杯咖啡。

Wǒ yào yì bēi kāfēi.

等一下。

Děng yíxià.

새로운 단어

07-02

喜欢	xǐhuan	동 좋아하다
运动	yùndòng	명 운동
踢	tī	동 차다, 발길질하다
足球	zúqiú	명 축구
打	dǎ	동 때리다 / (동작을) 하다
篮球	lánqiú	명 농구
看	kàn	동 보다
电影	diànyǐng	명 영화
最	zuì	부 가장, 최고
都	dōu	부 모두, 다
什么都	shénme dōu	무엇이든 다

07-03

吃	chī	동 먹다
苹果	píngguǒ	명 사과
虽然 A，但是 B	suīrán A, dànshì B	접 비록 A하지만 B하다
更	gèng	부 더욱
西瓜	xīguā	명 수박
爱好	àihào	명 취미
唱歌	chànggē	동 노래를 부르다
跳舞	tiàowǔ	동 춤을 추다
骑	qí	동 (동물이나 자전거 등에 다리를 벌리고) 타다
自行车	zìxíngchē	명 자전거

小李　你喜欢什么运动?
Nǐ xǐhuan shénme yùndòng?

成元　我喜欢踢足球和打篮球。你呢?
Wǒ xǐhuan tī zúqiú hé dǎ lánqiú.　　Nǐ ne?

小李　我不喜欢运动, 我喜欢看电影。
Wǒ bù xǐhuan yùndòng, wǒ xǐhuan kàn diànyǐng.

成元　你最喜欢什么电影?
Nǐ zuì xǐhuan shénme diànyǐng?

> **TIP**
> '가장'이라는 뜻의 부사로, 동사를 꾸며주어 '가장 ~하다'라는 뜻으로 쓸 수 있어요!

小李　我什么都喜欢。
Wǒ shénme dōu xǐhuan.

> **TIP**
> '무엇이든 다'라는 뜻으로, 동사 앞에서 '무엇이든 다 ~하다'의 의미로 쓸 수 있어요!

小李　你喜欢吃什么？
　　　Nǐ xǐhuan chī shénme?

成元　我喜欢吃苹果。你呢？
　　　Wǒ xǐhuan chī píngguǒ. Nǐ ne?

小李　虽然我也喜欢吃苹果，
　　　Suīrán wǒ yě xǐhuan chī píngguǒ,

　　　但是我更喜欢吃西瓜。
　　　dànshì wǒ gèng xǐhuan chī xīguā.

成元　你有什么爱好？
　　　Nǐ yǒu shénme àihào?

小李　我喜欢唱歌和跳舞。你呢？
　　　Wǒ xǐhuan chànggē hé tiàowǔ. Nǐ ne?

成元　我喜欢骑自行车。
　　　Wǒ xǐhuan qí zìxíngchē.

어법 & 핵심 문형

01 말은 끝까지 들어봐야 안다! '虽然A, 但是B'

'虽然A, 但是B suīrán A, dànshì B'는 앞서 설명한 어떠한 상황이나 사건을 부정하거나 전환하는 용도로 쓰이는 문형입니다. 문장에서 주어는 '虽然'의 앞과 뒤 모두에 위치할 수 있지만 '但是'는 반드시 주어 앞에 위치합니다.

- 虽然我喜欢喝茶，但是更喜欢喝咖啡。
  Suīrán wǒ xǐhuan hē chá, dànshì gèng xǐhuan hē kāfēi.
  나는 차 마시는 걸 좋아하지만 커피 마시는 걸 더 좋아해.

- 虽然我不去，但是他们都要去。
  Suīrán wǒ bú qù, dànshì tāmen dōu yào qù.
  나는 가지 않지만 그들은 모두 가야 해.

- 我虽然不知道老师的家，但是我知道手机号码。
  Wǒ suīrán bù zhīdào lǎoshī de jiā, dànshì wǒ zhīdào shǒujī hàomǎ.
  나는 선생님 댁은 모르지만 휴대전화 번호는 알고 있어.

타다? '骑' vs '坐'

'骑 qí'와 '坐 zuò'는 모두 '타다'라는 뜻을 가지고 있는 동사이나 그 쓰임에는 차이가 있습니다. '骑'는 주로 자전거, 오토바이, 말과 같이 기마 자세로 이용하는 교통수단을 이용할 때 쓰이는 반면, '坐'는 기마 자세로 이용하는 교통수단을 제외한 나머지 교통수단을 이용할 때 쓰입니다.

骑	坐

骑+(기마 자세로 타는) 교통수단	坐+교통수단
예 骑马 말을 타다 qí mǎ	예 坐公共汽车 버스를 타다 zuò gōnggòng qìchē
예 骑自行车 자전거를 타다 qí zìxíngchē	예 坐火车 기차를 타다 zuò huǒchē

坐 zuò 동 앉다, 타다 | 马 mǎ 명 말 [동물] | 公共汽车 gōnggòng qìchē 명 버스 | 火车 huǒchē 명 기차

교체 연습

A: 你喜欢什么?

Nǐ xǐhuan shénme?

너는 무엇을 좋아하니?

07-06

B: 我喜欢踢足球。

Wǒ xǐhuan tī zúqiú.

나는 축구하는 것을 좋아해.

💬 색칠한 부분을 다양한 표현으로 바꾸어 연습해 봐요!

너는 무엇을 좋아하니?

❶ A: 你喜欢什么?

Nǐ xǐhuan shénme?

나는 농구하는 것을 좋아해.

B: 我喜欢打篮球。

Wǒ xǐhuan dǎ lánqiú.

너는 무엇을 좋아하니?

❷ A: 你喜欢什么?

Nǐ xǐhuan shénme?

나는 커피 마시는 것을 좋아해.

B: 我喜欢喝咖啡。

Wǒ xǐhuan hē kāfēi.

너는 무엇을 좋아하니?

❸ A: 你喜欢什么?

Nǐ xǐhuan shénme?

나는 버스 타는 것을 좋아해.

B: 我喜欢坐公共汽车。

Wǒ xǐhuan zuò gōnggòng qìchē.

02

A: 你有什么爱好?
Nǐ yǒu shénme àihào?
너는 어떤 취미를 가지고 있니?

07-07

B: 我的爱好是唱歌。
Wǒ de àihào shì chànggē.
내 취미는 노래 부르는 거야.

💬 색칠한 부분을 다양한 표현으로 바꾸어 연습해 봐요!

너는 어떤 취미를 가지고 있니?

❶ A: 你有什么爱好?
Nǐ yǒu shénme àihào?

내 취미는 춤을 추는 거야.

B: 我的爱好是跳舞。
Wǒ de àihào shì tiàowǔ.

너는 어떤 취미를 가지고 있니?

❷ A: 你有什么爱好?
Nǐ yǒu shénme àihào?

내 취미는 영화 보는 거야.

B: 我的爱好是看电影。
Wǒ de àihào shì kàn diànyǐng.

너는 어떤 취미를 가지고 있니?

❸ A: 你有什么爱好?
Nǐ yǒu shénme àihào?

내 취미는 자전거 타는 거야.

B: 我的爱好是骑自行车。
Wǒ de àihào shì qí zìxíngchē.

1 녹음을 듣고 알맞은 성조를 표시하세요. 🎧 07-08

1) da   2) kan   3) chi   4) geng

5) xi huan   6) dianying   7) pingguo   8) xigua

2 사진을 보고 아래의 문장을 완성하세요.

1)

虽然我也喜欢吃苹果，
Suīrán wǒ yě xǐhuan chī píngguǒ,
(비록) 나도 사과를 좋아해.

＿＿＿＿我更喜欢吃西瓜。
＿＿＿＿＿ wǒ gèng xǐhuan chī xīguā.
하지만 수박을 더 좋아해.

2)

我喜欢＿＿＿自行车。
Wǒ xǐhuan ＿＿＿＿ zìxíngchē.
나는 자전거 타는 것을 좋아해.

3 녹음을 듣고 ◯ 혹은 ✕를 표기하세요. 07-09

1) 我喜欢踢足球。
   Wǒ xǐhuan tī zúqiú.

2) 我喜欢吃苹果。
   Wǒ xǐhuan chī píngguǒ.

3) 虽然我也喜欢吃苹果，但是我更喜欢吃西瓜。
   Suīrán wǒ yě xǐhuan chī píngguǒ, dànshì wǒ gèng xǐhuan chī xīguā.

4 녹음을 듣고 내용과 일치하는 사진을 고르세요. 07-10

1) 　　　2)　　　　　3)

중국, 한 걸음 더

:: 중국의 결혼 문화

　　과거 중국은 유교의 영향으로 혼인의 자유가 없었습니다. 하지만 1950년 중국 정부는 '혼인법'을 발표하여 봉건주의적인 과거의 혼인 제도를 폐지했으며 일부일처와 남녀의 권리 평등을 명시했습니다. 과거 복잡했던 혼인 과정들은 현대로 오면서 대폭 간소화되었는데요. 결혼을 원하는 남녀는 각자의 직장과 행정 단위에 결혼할 의사를 밝혀 미혼 증명서와 건강 진단서를 발급받아 구청에 혼인 신고서를 제출하면 결혼 증명서가 발급됩니다.

　　산아제한정책으로 인해 대부분의 집안은 모두 혼인을 성대하게 치르려 하기 때문에 집값을 제외해도 한화 몇천만 원의 결혼 비용이 소요됩니다. 그러나 최근 결혼 적령기가 지나도 결혼을 하지 못하는 젊은이들이 점점 늘어나자 이러한 막대한 결혼 비용은 중국의 사회 문제로 떠올랐습니다.

　　중국에서는 결혼 날짜와 축의금 모두 짝수를 선호하며, 특히 좋은 숫자로 여겨지는 숫자 '8'이 들어가는 결혼식 시간을 선호합니다. 중국에서 축의금은 빨간 봉투에 넣어주며 월급의 상당 부분을 축의금으로 할애하기도 합니다.

08과

날씨를 이야기해요.

今天晚上天气怎么样?
Jīntiān wǎnshang tiānqì zěnmeyàng?

학습 목표

1. 중국어로 날씨를 묻고 답할 수 있어요.
2. 조동사 '会 huì'와 '能 néng'의 차이점을 이해해요.
3. '着 zhe'를 문장에 사용할 수 있어요.

08-01

아래의 표현과 단어를 성조에 유의하여 크게 읽어 보세요.

문장을 읽을 때는 억양과 단어 연결에 주의하여 읽어 보세요.

踢 tī	打 dǎ	最 zuì	骑 qí
喜欢 xǐhuan	西瓜 xīguā	爱好 àihào	唱歌 chànggē

你喜欢什么运动?
Nǐ xǐhuan shénme yùndòng?

我最喜欢看电影。
Wǒ zuì xǐhuan kàn diànyǐng.

我喜欢唱歌和跳舞。
Wǒ xǐhuan chànggē hé tiàowǔ.

회화 1 08-02

晚上	wǎnshang	명 저녁, 밤
天气	tiānqì	명 날씨
阴天	yīntiān	명 흐린 날씨
可能	kěnéng	부 아마도, 아마
会	huì	조동 ~할 수 있다, ~할 것이다
下雨	xià yǔ	비가 내리다
明天	míngtiān	명 내일
晴天	qíngtiān	명 맑은 날씨
冷	lěng	형 춥다, 차다
热	rè	형 덥다, 뜨겁다
那	nà	접 그러면, 그렇다면
商店	shāngdiàn	명 상점
买	mǎi	동 사다, 구입하다
一些	yìxiē	약간, 조금의
东西	dōngxi	명 물건, 음식

회화 2 08-03

到	dào	동 도착하다, 도달하다
上海	Shànghǎi	지명 상하이
下午	xiàwǔ	명 오후
飞机	fēijī	명 비행기
早上	zǎoshang	명 아침
机场	jīchǎng	명 공항
等	děng	동 기다리다
最近	zuìjìn	명 최근, 요즘
每天	měitiān	명 매일
下雪	xià xuě	눈이 내리다
着	zhe	조 ~하고 있다, ~하고 있는 중이다

小李　**今天晚上天气怎么样?**
Jīntiān wǎnshang tiānqì zěnmeyàng?

成元　**今天是阴天，可能会下雨。**
Jīntiān shì yīntiān, kěnéng huì xià yǔ.

小李　**明天的天气怎么样?**
Míngtiān de tiānqì zěnmeyàng?

成元　**明天是晴天，不冷也不热。**
Míngtiān shì qíngtiān, bù lěng yě bú rè.

小李　**那明天我们一起去商店买一些东西吧。**
Nà míngtiān wǒmen yìqǐ qù shāngdiàn mǎi yìxiē dōngxi ba.

小李　喂，你什么时候到上海？
Wéi, nǐ shénme shíhou dào Shànghǎi?

小高　今天下午五点的飞机。
Jīntiān xiàwǔ wǔ diǎn de fēijī.

可能明天早上八点到机场。
Kěnéng míngtiān zǎoshang bā diǎn dào jīchǎng.

小李　好。　我在机场等你。
Hǎo.　Wǒ zài jīchǎng děng nǐ.

小高　谢谢。　最近上海的天气怎么样？
Xièxie.　Zuìjìn Shànghǎi de tiānqì zěnmeyàng?

小李　每天都下着雪，很冷。
Měitiān dōu xiàzhe xuě, hěn lěng.

小高　我喜欢下雪。　没关系。
Wǒ xǐhuan xià xuě.　Méi guānxi.

01 할 수 있다! '会' vs '能'

조동사인 '会 huì'와 '能 néng'은 모두 '~을 할 수 있다'라는 뜻을 가지고 있지만 그 쓰임에는 분명 차이가 있습니다. 먼저 '会'는 배워서 할 수 있는 것을 나타내는 반면, '能'은 타고난 능력 또는 현재의 환경과 여건에서 무언가를 할 수 있음을 나타낼 때 주로 쓰입니다.

会	能
◍ (배워서) 할 수 있다	◍ (선천적으로) 할 수 있다 ◍ (남들에 비해 특별히 잘)할 수 있다
예 我会踢足球。 Wǒ huì tī zúqiú. 나는 축구를 할 수 있어. 예 我会游泳。 Wǒ huì yóuyǒng. 나는 수영을 할 수 있어.	예 我能喝热咖啡。 Wǒ néng hē rè kāfēi. 나는 뜨거운 커피를 잘 마셔. 예 我能看。 Wǒ néng kàn. 나는 볼 수 있어.

02 A도 아니고, B도 아니네! '不A也不B'

'不A也不B bù A yě bù B'는 'A하지도 않고 B하지도 않다'로 해석되는 문장 형식입니다. 일반적으로 A와 B의 자리에는 각각 서로 다른 뜻의 반의어가 쓰여서 A와 B를 모두 부정합니다.

- 我们学校不大也不小。 우리 학교는 크지도 작지도 않아.
  Wǒmen xuéxiào bú dà yě bù xiǎo.

- 今天不下雨也不下雪。 오늘은 비도 오지 않고 눈도 오지 않아.
  Jīntiān bú xià yǔ yě bú xià xuě.

- 她不漂亮也不可爱。 그녀는 예쁘지도 않고 귀엽지도 않아.
  Tā bú piàoliang yě bù kě'ài.

游泳 yóuyǒng 통 수영하다

03 상태의 지속 '着'

'着 zhe'는 동사의 뒤에 쓰여서 해당 동사의 상황이 지속되는 상태를 표현합니다. '着'는 '~하고 있다', '~하고 있는 중이다'로 해석되는데, 이때 어기조사 '呢 ne'와 함께 '着…呢'의 형태로 쓰입니다.

- 喝着咖啡。 커피를 마시고 있어.
  Hēzhe kāfēi.

- 玩着电脑。 컴퓨터로 놀고 있어.
  Wánzhe diànnǎo.

- 今天下着雪呢。 오늘은 눈이 내리고 있어.
  Jīntiān xiàzhe xuě ne.

- 老师看着我们呢。 선생님께서 우리를 보고 계셔.
  Lǎoshī kànzhe wǒmen ne.

01 每天都下着雪。

Měitiān dōu xiàzhe xuě.
매일 눈이 내리고 있어.

08-06

💬 색칠한 부분을 다양한 표현으로 바꾸어 연습해 봐요!

매일 비가 내리고 있어.
❶ 每天都下着雨。
Měitiān dōu xiàzhe yǔ.

매일 노래를 부르고 있어.
❷ 每天都唱着歌。
Měitiān dōu chàngzhe gē.

매일 사과를 먹고 있어.
❸ 每天都吃着苹果。
Měitiān dōu chīzhe píngguǒ.

02 不冷也不热。

Bù lěng yě bú rè.

춥지도 덥지도 않아.

08-07

💬 색칠한 부분을 다양한 표현으로 바꾸어 연습해 봐요!

바쁘지도 피곤하지도 않아.

❶ 不忙也不累。

Bù máng yě bú lèi.

먹지도 마시지도 않아.

❷ 不吃也不喝。

Bù chī yě bù hē.

노래 부르는 것을 좋아하지도 춤추는 것을 좋아하지도 않아.

❸ 不喜欢唱歌也不喜欢跳舞。

Bù xǐhuan chànggē yě bù xǐhuan tiàowǔ.

忙 máng 형 바쁘다

1 녹음을 듣고 오늘의 날씨를 맞혀 보세요. 🎧 08-08

1)

2)

3)

2 사진을 보고 아래의 문장을 완성하세요.

1)

今天是阴天，可能＿＿＿下雨。

Jīntiān shì yīntiān, kěnéng ＿＿＿＿ xià yǔ.

오늘은 흐리네. 아마 비가 올 것 같아.

2)

每天下＿＿＿雪，很冷。

Měitiān xià ＿＿＿＿ xuě, hěn lěng.

매일 눈이 내리고 있어. 너무 추워.

3 녹음을 듣고 ◯ 혹은 ✕를 표기하세요. 🎧 08-09

1) 明天是晴天。

　　Míngtiān shì qíngtiān.

2) 今天是阴天，可能会下雨。

　　Jīntiān shì yīntiān, kěnéng huì xià yǔ.

3) 今天下午五点的飞机。

　　Jīntiān xiàwǔ wǔ diǎn de fēijī.

4 녹음을 듣고 내용과 일치하는 사진을 고르세요. 🎧 08-10

1)

2)

3)

:: 중국의 호구 제도

중국에는 우리나라의 호적에 해당하는 호구(户口 hùkǒu)가 있습니다. 우리가 태어남과 동시에 국적과 호적을 가지듯 중국인 역시 태어남과 동시에 호구를 취득하게 됩니다. 하지만 어떠한 호구를 물려받느냐에 따라 사회적 신분과 교육의 기회가 결정된다는 점에서 중국의 호구는 우리의 호적과는 그 성격이 매우 다릅니다. 농촌에서 태어난 아이는 농촌 호구를 가지게 되며, 도시에서 태어난 아이는 도시 호구를 가지게 되는데요. 농촌 호구를 가지고 있는 아이는 특별한 일이 아니면 평생 농촌 호구를 가지고 살아야 하며, 도시로 이주할 시 사회 보장 혜택이나 교육의 기회를 얻을 수 없습니다. 이러한 호구 제도는 처음에는 농촌 인구의 과도한 도시 진입을 막기 위해 실시되었지만 현재는 일종의 신분제로 변질되어 심각한 사회 문제를 일으켰으며, 농촌 주민들에게 부의 기회를 박탈하는 결과를 가져오게 되었습니다. 최근 중국 정부에서도 호구 제도에 대한 문제점을 인식하고 이를 개선하려는 여러 노력을 취하고 있지만 도시로 이동하여 일하는 농촌 사람을 이르는 농민공(农民工 nóngmíngōng)과 이들의 자녀 교육 문제는 여전히 산재하고 있는 것이 현실입니다.

09과

직업을 이야기해요.

你爸爸做什么工作?

Nǐ bàba zuò shénme gōngzuò?

학습 목표

1. 중국어로 직업과 장래 희망을 묻고 답할 수 있어요.

2. 부사 '就 jiù'를 문장에 사용할 수 있어요.

3. '因为 A, 所以 B yīnwèi A, suǒyǐ B' 용법을 사용할 수 있어요.

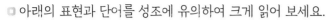

 09-01

▫ 아래의 표현과 단어를 성조에 유의하여 크게 읽어 보세요.
▫ 문장을 읽을 때는 억양과 단어 연결에 주의하여 읽어 보세요.

会 huì	冷 lěng	热 rè	着 zhe
天气 tiānqì	可能 kěnéng	商店 shāngdiàn	最近 zuìjìn

今天天气怎么样?
Jīntiān tiānqì zěnmeyàng?

明天是晴天，不冷也不热。
Míngtiān shì qíngtiān, bù lěng yě bú rè.

你什么时候到上海?
Nǐ shénme shíhou dào Shànghǎi?

회화 1 **09-02**

○ 做	zuò	동 ~하다, 일하다
○ 工作	gōngzuò	명 직업 동 일하다, 노동하다
○ 医院	yīyuàn	명 병원
○ 医生	yīshēng	명 의사
○ 忙	máng	형 바쁘다
○ 因为 A，所以 B	yīnwèi A, suǒyǐ B	A하기 때문에 그래서 B하다
○ 就	jiù	부 곧, 즉시, 바로
○ 睡觉	shuìjiào	동 자다

회화 2 **09-03**

○ 希望	xīwàng	동 희망하다
○ 想	xiǎng	조동 바라다 동 생각하다
○ 宾馆	bīnguǎn	명 호텔, 여관
○ 中国	Zhōngguó	국명 중국
○ 找	zhǎo	동 찾다, 구하다
○ 难	nán	형 어렵다, 곤란하다
○ 觉得	juéde	동 ~라고 느끼다
○ 问题	wèntí	명 문제, 질문
○ …的时候	…de shíhou	~할 때, ~일 때
○ 可以	kěyǐ	조동 ~할 수 있다 [가능·능력] ~해도 좋다 [허가]
○ 帮	bāng	동 돕다, 거들어주다

小李　你爸爸做什么工作？
　　　Nǐ bàba zuò shénme gōngzuò?

成元　他在医院工作，他是医生。
　　　Tā zài yīyuàn gōngzuò, tā shì yīshēng.

小李　你妈妈做什么工作？
　　　Nǐ māma zuò shénme gōngzuò?

成元　我妈妈是汉语老师。
　　　Wǒ māma shì Hànyǔ lǎoshī.

小李　他们工作忙吗？
　　　Tāmen gōngzuò máng ma?

成元　是的。　因为他们工作很忙，
　　　Shì de.　Yīnwèi tāmen gōngzuò hěn máng,

　　　所以晚上到家就睡觉。
　　　suǒyǐ wǎnshang dào jiā jiù shuìjiào.

小李 　你希望做什么工作?
　　　Nǐ xīwàng zuò shénme gōngzuò?

成元 　我想做宾馆的服务员。
　　　Wǒ xiǎng zuò bīnguǎn de fúwùyuán.

小李 　你想在中国找工作吗?
　　　Nǐ xiǎng zài Zhōngguó zhǎo gōngzuò ma?

成元 　虽然在中国找工作很难,
　　　Suīrán zài Zhōngguó zhǎo gōngzuò hěn nán,

　　　但是我希望在中国工作。
　　　dànshì wǒ xīwàng zài Zhōngguó gōngzuò.

小李 　我觉得很好, 你有问题的时候,
　　　Wǒ juéde hěn hǎo, nǐ yǒu wèntí de shíhou,

　　　我可以帮你。
　　　wǒ kěyǐ bāng nǐ.

01 고급 중국어 표현의 지름길, 부사 '就'

중국어는 부사가 굉장히 많은 편인데요. 그중 '就 jiù'는 쓰임새가 많은 만큼 문장에서 사용되는
뜻과 상황이 광범위합니다.

❶ '就'는 시간을 나타낼 수 있습니다.

> • 因为他们工作很忙，所以晚上到家就睡觉。
> Yīnwèi tāmen gōngzuò hěn máng, suǒyǐ wǎnshang dào jiā jiù shuìjiào.
> 그들은(부모님은) 일이 너무 바빠서, 저녁에 집에 돌아오면 바로 주무셔.

위의 문장에서 '就'는 시간적 개념으로 '바로'의 뜻을 나타냅니다.

❷ '就' 뒤에 명사가 오면 '단지'라는 뜻을 가지게 됩니다.

> • 昨天就我一个人去北京了。
> Zuótiān jiù wǒ yí ge rén qù Běijīng le.
> 어제 나만 혼자 베이징으로 갔어.

위의 문장에서 '就'는 명사인 '我' 앞에 와서 '단지 ~만'의 뜻을 나타내고 있습니다.

❸ '就' 뒤에 판단동사인 '是'가 붙는 경우가 있는데, 이때 '就'는 생략해도 문장의 의미가 변화하
지 않습니다. 하지만 미묘한 어감의 차이가 있어서 긍정적인 강조의 어감을 나타낼 때는 '就'를
씁니다.

> • 她就是我的老师。 그녀는 나의 선생님이야.
> Tā jiù shì wǒ de lǎoshī.
>
> • 这就是我的手机。 이것은 나의 휴대전화야.
> Zhè jiù shì wǒ de shǒujī.

昨天 zuótiān 명 어제 ｜ 一个人 yí ge rén 한 사람, 혼자 ｜ 北京 Běijīng 지명 베이징

영혼의 짝꿍 '因为A, 所以B'

'因为A, 所以B yīnwèi A, suǒyǐ B'는 'A하기 때문에 B하다'라는 뜻을 가진 관용 표현으로 'A'는 원인, 'B'는 결과를 나타냅니다. 원인과 결과를 표현하는 문장에서 '因为'와 '所以'는 대체로 같이 호응해서 쓰이지만 때로는 둘 중 하나를 생략해서 써도 같은 뜻을 나타냅니다.

- 因为下雨，所以我不去。
  Yīnwèi xià yǔ, suǒyǐ wǒ bú qù.
  비가 내려서 나는 안 가.

- 每天工作很忙，所以觉得累。
  Měitiān gōngzuò hěn máng, suǒyǐ juéde lèi.
  매일 일이 너무 바빠서 피곤해.

특정한 시기를 표현하고 싶을 때는? '…的时候'

'…的时候 …de shíhou'는 '~할 때'로 해석되며 어떤 특정한 시기를 표현하고자 할 때 쓰이는 표현입니다. '…的时候'는 주로 주어 앞에 놓여 문장에서 부사어로 쓰입니다. '…的时候'의 문장 형식은 사용 빈도가 매우 높은 편이므로 여러 가지 문장 패턴으로 외워 두는 것이 좋습니다.

- 下雨的时候不要出去玩。
  Xià yǔ de shíhou bú yào chūqù wán.
  비가 내릴 때 밖에 나가서 놀지 마.

- 吃饭的时候不要说话。
  Chīfàn de shíhou bú yào shuōhuà.
  밥 먹을 때 말하지 마.

- 工作的时候我觉得很累。
  Gōngzuò de shíhou wǒ juéde hěn lèi.
  일할 때 나는 매우 피곤하다고 느껴.

出去 chūqù 밖으로 나가다 | 说话 shuōhuà 동 말하다, 이야기하다

교체 연습

01 他们工作忙吗?
Tāmen gōngzuò máng ma?
그들은 일이 바쁘니?

09-06

💬 색칠한 부분을 다양한 표현으로 바꾸어 연습해 봐요!

그들은 일이 피곤하니?
❶ 他们工作累吗?
Tāmen gōngzuò lèi ma?

그들은 일이 어렵니?
❷ 他们工作难吗?
Tāmen gōngzuò nán ma?

그들은 일이 어떻니?
❸ 他们工作怎么样?
Tāmen gōngzuò zěnmeyàng?

02 我想做宾馆的服务员。

Wǒ xiǎng zuò bīnguǎn de fúwùyuán.

나는 호텔 종업원이 되고 싶어.

09-07

💬 색칠한 부분을 다양한 표현으로 바꾸어 연습해 봐요!

나는 병원의 의사가 되고 싶어.

❶ 我想做医院的医生。

Wǒ xiǎng zuò yīyuàn de yīshēng.

나는 중국어 선생님이 되고 싶어.

❷ 我想做汉语老师。

Wǒ xiǎng zuò Hànyǔ lǎoshī.

나는 커피숍 종업원이 되고 싶어.

❸ 我想做咖啡店的服务员。

Wǒ xiǎng zuò kāfēidiàn de fúwùyuán.

1 녹음을 듣고 여자의 엄마 직업은 무엇인지 고르세요.

1)

2)

3)

2 사진을 보고 아래의 문장을 완성하세요.

1)

_____他们工作很忙，

_____ tāmen gōngzuò hěn máng,

_____晚上到家就睡觉。

_____ wǎnshang dào jiā jiù shuìjiào.

그들은 일이 바쁘기 때문에 저녁에 집에 오면 바로 잠을 자.

2)

你有问题_____，我可以帮你。

Nǐ yǒu wèntí _____ , wǒ kěyǐ bāng nǐ.

네게 문제가 있을 때 내가 도와줄게.

3 녹음을 듣고 ◯ 혹은 ✕를 표기하세요.

1) 我妈妈是汉语老师。

   Wǒ māma shì Hànyǔ lǎoshī.

2) 我想做宾馆的服务员。

   Wǒ xiǎng zuò bīnguǎn de fúwùyuán.

3) 你有问题的时候，我可以帮你。

   Nǐ yǒu wèntí de shíhou, wǒ kěyǐ bāng nǐ.

4 녹음을 듣고 내용과 일치하는 사진을 고르세요.

1)

2)

3)

:: 중국의 병원과 상비약

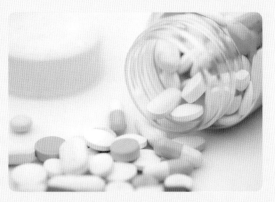

　중국의 병원은 1등급에서 3등급으로 나누어 등급제로 운영되고 있습니다. 이 등급은 병상 수, 진료 과목 등으로 지정되며 몇몇 병원들은 특수 병원들로 일반인은 이용할 수 없습니다. 일반적으로 보험이 없는 외국인들은 현지 병원을 쉽게 이용하기 힘들어 주로 상비약을 먹거나 약국에서 약을 사먹는 방법으로 병을 치료하려 하는데요. 애석하게도 중국에서는 해외 의약품을 거의 판매하지 않고, 중국 자체 생산된 약들만 판매하기 때문에 약 구매 시 곤란함을 겪게 될 수 있습니다. 중국 자체 생산된 약들 중 대표적인 것들은 아래와 같습니다. 잘 기억해 두세요!

감기약	▲ 重感灵 zhònggǎnlíng ▲ 感冒软胶囊 gǎnmào ruǎn jiāonáng ▲ 板蓝根冲剂 bǎnlángēn chōngjì
진통제	▲ 去痛片 qùtòngpiàn ▲ 芬必得 fēnbìdé
소화제	▲ 香砂养胃丸 xiāngshā yǎngwèi wán ▲ 健胃消食片 jiànwèi xiāoshí piàn
지사제	▲ 泻立停 xièlìtíng ▲ 肠炎宁片 chángyán níng piàn

10과

물건을 구입해요.

多少钱?
Duōshao qián?

1. 중국어로 물건 구입과 흥정을 할 수 있어요.
2. 무게 단위 '斤 jīn'과 '公斤 gōngjīn'을 이해해요.
3. 중국어로 좋아하는 색을 이야기할 수 있어요.

아래의 표현과 단어를 성조에 유의하여 크게 읽어 보세요.

문장을 읽을 때는 억양과 단어 연결에 주의하여 읽어 보세요.

做	忙	找	就
zuò	máng	zhǎo	jiù

工作	医院	问题	睡觉
gōngzuò	yīyuàn	wèntí	shuìjiào

你爸爸做什么工作?

Nǐ bàba zuò shénme gōngzuò?

我妈妈是汉语老师。

Wǒ māma shì Hànyǔ lǎoshī.

你想在中国找工作吗?

Nǐ xiǎng zài Zhōngguó zhǎo gōngzuò ma?

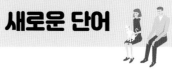
회화 1 10-02

时间	shíjiān	명 시간
件	jiàn	양 벌, 건 [옷·사건 등을 세는 단위]
红色	hóngsè	명 빨간색
衣服	yīfu	명 옷, 의복
这边	zhèbiān	대 여기, 이쪽
多少钱	duōshao qián	얼마입니까
百	bǎi	수 백(100)
块	kuài	양 위안 [중국의 화폐 단위]
钱	qián	명 돈
太…了	tài…le	너무 ~하다 [강조할 때]
贵	guì	형 비싸다
便宜	piányi	형 싸다, 저렴하다
(一)点儿	(yì)diǎnr	조금, 약간

회화 2 10-03

不错	búcuò	형 괜찮다, 좋다
斤	jīn	양 근, 500g [무게의 단위]
一共	yígòng	명 합계 부 모두
给	gěi	동 주다

小李　明天下午我想去商店。你有时间吗?
　　　Míngtiān xiàwǔ wǒ xiǎng qù shāngdiàn. Nǐ yǒu shíjiān ma?

成元　有。你想买什么?
　　　Yǒu.　Nǐ xiǎng mǎi shénme?

小李　我想买一件红色的衣服。我们一起去吧。
　　　Wǒ xiǎng mǎi yí jiàn hóngsè de yīfu.　Wǒmen yìqǐ qù ba.

상점에서

小李　你好! 我想买红色的衣服。
　　　Nǐ hǎo!　Wǒ xiǎng mǎi hóngsè de yīfu.

服务员　这边都是红色的衣服。
　　　　Zhèbiān dōu shì hóngsè de yīfu.

小李　我喜欢这件衣服。多少钱?
　　　Wǒ xǐhuan zhè jiàn yīfu.　Duōshao qián?

服务员　三百五十块钱。
　　　　Sānbǎi wǔshí kuài qián.

小李　太贵了。便宜点儿吧。
　　　Tài guì le.　Piányi diǎnr ba.

TIP
'太 + 형용사 + 了' 형식으로
주로 쓰여 '너무 ~하다'라는
뜻이에요!

회화 2  10-05

小李
你好！我想买苹果和西瓜。
Nǐ hǎo! Wǒ xiǎng mǎi píngguǒ hé xīguā.

服务员
今天的西瓜不错，一斤西瓜两块钱，
Jīntiān de xīguā búcuò, yì jīn xīguā liǎng kuài qián,

一斤苹果六块钱。
yì jīn píngguǒ liù kuài qián.

小李
我要三斤苹果和五斤西瓜。
Wǒ yào sān jīn píngguǒ hé wǔ jīn xīguā.

계산대에서

服务员
一共二十八块钱。
Yígòng èrshíbā kuài qián.

小李
好。给你二十八块钱。
Hǎo. Gěi nǐ èrshíbā kuài qián.

어법 & 핵심 문형

01 얼마예요? '多少钱?'

元 yuán

角 jiǎo

分 fēn

중국의 기본 화폐 단위는 '元 yuán', '角 jiǎo', '分 fēn'으로 표기하지만, 회화에서는 '块 kuài', '毛 máo', '分 fēn'이라고 말합니다.

- 一元 yì yuán ≡ 十角 shí jiǎo ≡ 一百分 yìbǎi fēn
- 一块 yí kuài ≡ 十毛 shí máo ≡ 一百分 yìbǎi fēn

금액을 표시할 때는 3.85块(元)과 같이 '块'를 기준으로 소수점을 찍어 표기하는데 '三块八毛五 分 sān kuài bā máo wǔ fēn'으로 읽을 수 있습니다.

- ¥43.2 → 四十三块二毛 sìshísān kuài èr máo
- ¥189.8 → 一百八十九块八毛 yìbǎi bāshíjiǔ kuài bā máo
- ¥230 → 两百三十块 liǎngbǎi sānshí kuài
- ¥203 → 两百零三块 liǎngbǎi líng sān kuài

TIP 1. 화폐 단위 앞에 오는 2는 '二 èr'이 아니라 '两 liǎng'으로 읽습니다.

2. 금액 중간에 0이 있는 경우 '零 líng'으로 읽고 0의 개수에 상관없이 한 번만 읽습니다.

3. 맨 마지막 단위는 생략할 수 있습니다.

4. 금액을 이야기할 때, '…块钱', '…毛钱', '…分钱'이라고 하며 마지막 '钱'은 붙여도 되고 생략해도 됩니다.

02 무게 단위 '斤' vs '公斤'

중국에서 사온 체중계에 올라가면 흔히 알고 있는 'kg' 단위가 아니라서 당황하는 경우가 있는데
요. 중국에서는 'kg' 단위인 '公斤 gōngjīn'도 쓰지만 '500g' 단위인 '斤 jīn'을 쓰기도 합니다. 즉,
'一公斤 yì gōngjīn'은 '两斤 liǎng jīn'이 됩니다. 또한, 중국은 우리와는 달리 과일이나 야채, 고
기 등을 구입할 때 역시 '斤 jīn'이라는 단위를 사용합니다.

- 一斤苹果、两斤西瓜 사과 한근, 수박 두근
  yì jīn píngguǒ、liǎng jīn xīguā

- 我是一百斤。(= 我是五十公斤。) 내 몸무게는 50kg이야.
  Wǒ shì yìbǎi jīn. (= Wǒ shì wǔshí gōngjīn.)

03 알록달록 색깔 표현하기

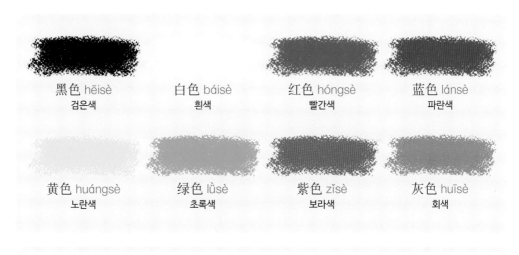

| 黑色 hēisè | 白色 báisè | 红色 hóngsè | 蓝色 lánsè |
| 검은색 | 흰색 | 빨간색 | 파란색 |

| 黄色 huángsè | 绿色 lǜsè | 紫色 zǐsè | 灰色 huīsè |
| 노란색 | 초록색 | 보라색 | 회색 |

A: 你喜欢什么颜色? 너는 무슨 색깔을 좋아하니?
   Nǐ xǐhuan shénme yánsè?

B: 我喜欢 _____ 。 나는 _____ 을 좋아해.
   Wǒ xǐhuan _____ .

🌿

颜色 yánsè 명 색깔

교체 연습

01 我想买红色的衣服。

Wǒ xiǎng mǎi hóngsè de yīfu.

나는 빨간색 옷을 사고 싶어.

10-06

💬 색칠한 부분을 다양한 표현으로 바꾸어 연습해 봐요!

나는 검은색 옷을 사고 싶어.

❶ 我想买黑色的衣服。

Wǒ xiǎng mǎi hēisè de yīfu.

나는 노란색 옷을 사고 싶어.

❷ 我想买黄色的衣服。

Wǒ xiǎng mǎi huángsè de yīfu.

나는 흰색 옷을 사고 싶어.

❸ 我想买白色的衣服。

Wǒ xiǎng mǎi báisè de yīfu.

02 A: 多少钱?
Duōshao qián?
얼마예요?

10-07

B: 三百五十块(钱)。
Sānbǎi wǔshí kuài (qián).
350위안입니다.

💬 색칠한 부분을 다양한 표현으로 바꾸어 연습해 봐요!

얼마예요?
❶ A: 多少钱?
Duōshao qián?

436위안입니다.
B: 四百三十六块(钱)。
Sìbǎi sānshíliù kuài (qián).

얼마예요?
❷ A: 多少钱?
Duōshao qián?

827위안입니다.
B: 八百二十七块(钱)。
Bābǎi èrshíqī kuài (qián).

얼마예요?
❸ A: 多少钱?
Duōshao qián?

223위안입니다.
B: 两百二十三块(钱)。
Liǎngbǎi èrshísān kuài (qián).

마무리체크

1 녹음을 듣고 여자가 구입한 옷을 고르세요. 🎧 10-08

1)

2)

3)

2 사진을 보고 아래의 문장을 완성하세요.

1)

我喜欢_____。

Wǒ xǐhuan _____ .

나는 검은색을 좋아해.

2)

一_____西瓜两块钱。

Yì _____ xīguā liǎng kuài qián.

수박 한 근에 2위안입니다.

3 녹음을 듣고 ◯ 혹은 ✕를 표기하세요. 🎧 10-09

1) 我想买一件红色的衣服。
   Wǒ xiǎng mǎi yí jiàn hóngsè de yīfu.

2) 我要三斤苹果和五斤西瓜。
   Wǒ yào sān jīn píngguǒ hé wǔ jīn xīguā.

3) 一共二十八块钱。
   Yígòng èrshíbā kuài qián.

4 녹음을 듣고 내용과 일치하는 사진을 고르세요. 🎧 10-10

1)

2)

3)

:: 중국의 대표적인 요리

중국 요리는 풍부한 재료와 향신료, 다양한 요리법으로 세계적인 수준을 자랑하고 있는데요. 중국인임에도 불구하고 가끔 요리 주문에 어려움을 겪을 정도로 요리의 종류가 매우 다양합니다. 우선 중국 요리는 지역별로 크게 '산둥요리(鲁菜 lǔcài)', '장쑤요리(苏菜 sūcài)', '쓰촨요리(川菜 chuāncài)', '광둥요리(粤菜 yuècài)', 이렇게 네 가지로 분류할 수 있습니다.

'산둥요리'는 춥고 척박한 환경 때문에 강한 화력을 사용하는 기름진 요리가 발달했는데요. 한국에 거주하는 본토 출신의 화교 대부분이 산둥성 출신이기 때문에 우리가 알고 있는 중국 요리의 대부분은 산둥요리에 그 기반을 두고 있습니다.

'장쑤요리'는 중부 지방의 비옥한 환경과 풍부한 재료로 인해 재료 본연의 맛을 살리는 데 주안점을 두고 있습니다. 또한, 외국과의 교류가 많았기 때문에 서구의 영향을 많이 받아 달콤하고 진한 맛의 요리가 많다는 특징을 가지고 있습니다.

'쓰촨요리'는 혀를 마비시킬 듯한 쓰촨 특유의 매운 맛으로 잘 알려져 있습니다. 쓰촨 지방은 고산 지대로 이루어져 있으며 바다가 멀어 환경이 척박한 편이라 매운 고추기름과 파, 마늘 등 향신료를 사용한 매운 음식이 발달했습니다. 그렇기 때문에 한국인의 입맛에 가장 잘 맞는 음식이기도 합니다.

'광둥요리'는 '다리가 네 개인 것은 책상을 빼고 다 먹고, 나는 것 중에는 비행기를 제외한 것은 다 먹는다'라는 말이 있을 정도로 재료에 구애받지 않고 요리하는 특징을 가지고 있습니다. 광둥요리는 국물 요리를 중시하며 담백한 맛을 선호하여 자연에 가까운 맛을 추구합니다.

11과

거리를 표현해요.

从北京到上海远吗?

Cóng Běijīng dào Shànghǎi yuǎn ma?

학습 목표

1. 중국어로 과거의 경험을 이야기할 수 있어요.

2. 중국어로 공간과 거리를 묻고 답할 수 있어요.

3. '从 cóng'과 '离 lí'의 차이점을 이해해요.

아래의 표현과 단어를 성조에 유의하여 크게 읽어 보세요.

문장을 읽을 때는 억양과 단어 연결에 주의하여 읽어 보세요.

斤 jīn	给 gěi	块 kuài	钱 qián
时间 shíjiān	便宜 piányi	不错 búcuò	这边 zhèbiān

你想买什么?
Nǐ xiǎng mǎi shénme?

太贵了，便宜点儿吧。
Tài guì le, piányi diǎnr ba.

我要三斤苹果和五斤西瓜吧。
Wǒ yào sān jīn píngguǒ hé wǔ jīn xīguā ba.

회화 1  11-02

回家	huí jiā	집으로 돌아가다
过	guo	조 과거의 경험을 나타내는 동태조사
从A到B	cóng A dào B	A에서 B까지
北京	Běijīng	지명 베이징
高铁	gāotiě	명 고속철
远	yuǎn	형 (거리가) 멀다
个	gè(ge)	양 개, 명 [문장 속에서 양사로 쓰일 때는 경성 (ge)으로 발음함]
小时	xiǎoshí	명 시간
下次	xiàcì	명 다음 번
可爱	kě'ài	형 귀엽다
小狗	xiǎogǒu	명 강아지
小猫	xiǎomāo	명 고양이
真	zhēn	부 정말, 진짜
动物	dòngwù	명 동물

회화 2 11-03

怎么	zěnme	대 어떻게, 어째서, 왜
睡	shuì	동 (잠을) 자다
离	lí	전 ~에서, ~로부터
上班	shàngbān	동 출근하다
身体	shēntǐ	명 신체, 몸
非常	fēicháng	부 대단히, 굉장히
应该	yīnggāi	조동 마땅히 ~해야 한다
近	jìn	형 (거리가) 가깝다
房子	fángzi	명 집, 건물
出租车	chūzūchē	명 택시
哈哈	hāhā	의성 하하 [웃음 소리]

小李   下星期我想回家，我家在上海。
Xià xīngqī wǒ xiǎng huí jiā, wǒ jiā zài Shànghǎi.

你去过上海吗？
Nǐ qùguo Shànghǎi ma?

成元   我没去过上海。从北京到上海远吗？
Wǒ méi qùguo Shànghǎi. Cóng Běijīng dào Shànghǎi yuǎn ma?

小李   不远。坐高铁五个小时就到上海。
Bù yuǎn. Zuò gāotiě wǔ ge xiǎoshí jiù dào Shànghǎi.

成元   是吗？我也想去。
Shì ma? Wǒ yě xiǎng qù.

> **TIP**
> 동사 앞에서 동사를 수식할 수 있는 품사는 다양합니다. 이처럼 동사 앞에 여러 수식어가 같이 놓일 때는 '부사 → 조동사 → 전치사 → 명사' 순으로 위치합니다.

小李   下次一起去吧。我家有可爱的小狗和小猫。
Xiàcì yìqǐ qù ba.   Wǒ jiā yǒu kě'ài de xiǎogǒu hé xiǎomāo.

成元   真的？我很喜欢动物。
Zhēn de? Wǒ hěn xǐhuan dòngwù.

下次一起去吧。
Xiàcì yìqǐ qù ba.

11-05

TIP
동사 뒤에 동사나 형용사를 붙이면 결과를 나타내는 '결과보어'가 됩니다. 즉 '잠을 잘 잤다'라는 뜻으로, 잔 결과가 어떠한지 나타낼 수 있습니다.

小李　你眼睛怎么红了？晚上没睡好？
　　　Nǐ yǎnjing zěnme hóng le? Wǎnshang méi shuìhǎo?

小高　我家离公司很远。所以我每天觉得很累。
　　　Wǒ jiā lí gōngsī hěn yuǎn. Suǒyǐ wǒ měitiān juéde hěn lèi.

小李　你每天怎么去上班？
　　　Nǐ měitiān zěnme qù shàngbān?

TIP
주어 한 개에 여러 개의 동사가 올 수 있는데, 대체로 일어난 순서대로 말합니다.

小高　我坐公共汽车去上班。
　　　Wǒ zuò gōnggòng qìchē qù shàngbān.

小李　每天很累，对身体非常不好。
　　　Měitiān hěn lèi, duì shēntǐ fēicháng bù hǎo.

　　　你应该找离公司近一些的房子。
　　　Nǐ yīnggāi zhǎo lí gōngsī jìn yìxiē de fángzi.

小高　我也知道。但是离公司近一些的房子太贵。
　　　Wǒ yě zhīdào. Dànshì lí gōngsī jìn yìxiē de fángzi tài guì.

小李　那你坐出租车去上班吧。
　　　Nà nǐ zuò chūzūchē qù shàngbān ba.

　　　哈哈！
　　　Hāhā!

01 과거의 경험 '동사+过'

동태조사 '过 guò'는 과거의 경험이나 완료를 나타냅니다. '过'는 동사 뒤에 오는데 일반적으로 '~한 적 있다'라고 해석되며, 경험의 의미를 나타냅니다. '过'의 성조는 원래 제4성(guò)이지만 동태조사로 쓰일 때에는 경성(guo)으로 읽습니다.

> • 我喝过咖啡。 나는 커피를 마셔 본 적이 있어.
> Wǒ hēguo kāfēi.
>
> • 我学过汉语。 나는 중국어를 공부한 적이 있어.
> Wǒ xuéguo Hànyǔ.
>
> • 我去过中国。 나는 중국에 가 본 적이 있어.
> Wǒ qùguo Zhōngguó.

동태조사 '过'가 있는 문장은 '不 bù'가 아닌 '没 méi'를 사용하여 부정합니다. '没'는 동사 앞에 위치하며, 이때 동태조사 '过'는 생략되지 않습니다.

> • 我没喝过咖啡。 나는 커피를 마셔 본 적이 없어.
> Wǒ méi hēguo kāfēi.
>
> • 我没学过汉语。 나는 중국어를 공부한 적이 없어.
> Wǒ méi xuéguo Hànyǔ.
>
> • 我没去过中国。 나는 중국에 가 본 적이 없어.
> Wǒ méi qùguo Zhōngguó.

출발점? 기준점? '从' vs '离'

'从 cóng'과 '离 lí'는 모두 시공간상의 거리와 관련된 단어인데 그 쓰임에는 차이가 있습니다. '从'은 시간과 거리의 출발점을 나타냅니다. 반면 '离'는 시간과 거리의 기준점을 나타냅니다. 먼저 '从'의 쓰임을 살펴봅시다.

- 从家到学校远吗? 집에서 학교까지 멀어?
  Cóng jiā dào xuéxiào yuǎn ma?

- 从咖啡店到我家很近。 커피숍에서 우리 집은 매우 가까워.
  Cóng kāfēidiàn dào wǒ jiā hěn jìn.

TIP '从'은 출발점을 나타내기 때문에 뒤에 도착점을 나타내는 '到'와 함께 사용할 수 있습니다.

다음으로 '离'의 쓰임을 살펴봅시다.

- 离下课还有五分钟。 수업이 끝나기까지 아직 5분 남았어.
  Lí xiàkè hái yǒu wǔ fēnzhōng.

- 我家离学校不近。 우리 집은 학교에서 가깝지 않아.
  Wǒ jiā lí xuéxiào bú jìn.

分钟 fēnzhōng 명 분 [시간의 단위]

교체 연습

01 你去过上海吗?

Nǐ qùguo Shànghǎi ma?

너는 상하이에 가 본 적 있니?

💬 색칠한 부분을 다양한 표현으로 바꾸어 연습해 봐요!

너는 수박을 먹어 본 적 있니?

❶ 你吃过西瓜吗?

Nǐ chīguo xīguā ma?

너는 우유를 마셔 본 적 있니?

❷ 你喝过牛奶吗?

Nǐ hēguo niúnǎi ma?

너는 중국어를 배워 본 적 있니?

❸ 你学过汉语吗?

Nǐ xuéguo Hànyǔ ma?

牛奶 niúnǎi 명 우유

02

我家离公司很远。

Wǒ jiā lí gōngsī hěn yuǎn.

우리 집은 회사에서 매우 멀어.

💬 색칠한 부분을 다양한 표현으로 바꾸어 연습해 봐요!

우리 집은 학교에서 매우 멀어.

❶ 我家离学校很远。

Wǒ jiā lí xuéxiào hěn yuǎn.

우리 집은 베이징에서 매우 멀어.

❷ 我家离北京很远。

Wǒ jiā lí Běijīng hěn yuǎn.

우리 집은 도서관에서 매우 멀어.

❸ 我家离图书馆很远。

Wǒ jiā lí túshūguǎn hěn yuǎn.

1 녹음을 듣고 남자는 매일 무엇을 이용해 출근하는지 고르세요.

1)

2)

3)

2 사진을 보고 아래의 문장을 완성하세요.

1)

你去_____上海吗?

Nǐ qù _____ Shànghǎi ma?

너 상하이에 가 본 적 있니?

2)

我家_____公司很远。

Wǒ jiā _____ gōngsī hěn yuǎn.

우리 집은 회사에서 너무 멀어.

3 녹음을 듣고 ◯ 혹은 ✕를 표기하세요. 🎧 11-09

1) 我没去过上海。
   Wǒ méi qùguo Shànghǎi.

2) 坐高铁五个小时就到上海。
   Zuò gāotiě wǔ ge xiǎoshí jiù dào Shànghǎi.

3) 我坐公共汽车去上班。
   Wǒ zuò gōnggòng qìchē qù shàngbān.

4 녹음을 듣고 내용과 일치하는 사진을 고르세요. 🎧 11-10

1)

2)

3)

:: 중국의 술 문화

　　중국 술의 역사는 차(茶)의 역사보다 더 오래되었습니다. 중국의 술에 대한 기록을 살펴보면 약 6,000여 년 전으로 거슬러 올라가는데요. 이처럼 오랜 역사를 지닌 술은 여러 형태로 전수되어 지금까지도 많은 사람들의 사랑을 받고 있습니다. 중국에서 사람을 사귐에 있어 술은 매우 중요한 수단으로 인식되고 있어 술자리에도 나름의 문화가 있습니다. 중국은 우리와 달리 술잔을 돌리지 않으며, 상대방의 잔이 비어 있지 않도록 계속 첨잔하는 것을 예의라고 생각합니다.

　　술잔에 술을 가득 따르지 않는 우리와는 달리 중국은 술잔에 술을 가득 채워 손님에 대한 환영을 나타냅니다. 또한, 윗사람과 술을 마실 때 고개를 돌려 마시는 우리와는 달리 중국인은 상대방의 눈을 바라보며 같이 술잔에 입을 대고 떼는 술자리 문화를 가지고 있습니다. 이처럼 서로 다른 술자리 문화 때문에 간혹 작은 오해가 생길 수 있지만 서로의 다른 문화를 배우고 존중하는 모습을 보일 때 진정한 친구로 거듭날 수 있겠죠?

12과

의사 선생님과 이야기해요.

小李生病了。
Xiǎo Lǐ shēngbìng le.

학습 목표

1. 중국어로 의사 선생님과 대화할 수 있어요.
2. 조사 '了 le'를 문장에 사용할 수 있어요.
3. 동사의 중첩 표현을 이해할 수 있어요.

□ 아래의 표현과 단어를 성조에 유의하여 크게 읽어 보세요.
□ 문장을 읽을 때는 억양과 단어 연결에 주의하여 읽어 보세요.

| 离
lí | 近
jìn | 远
yuǎn | 睡
shuì |

| 小时
xiǎoshí | 房子
fángzi | 非常
fēicháng | 下次
xiàcì |

你去过上海吗?
Nǐ qùguo Shànghǎi ma?

我家有可爱的小狗和小猫。
Wǒ jiā yǒu kě'ài de xiǎogǒu hé xiǎomāo.

离公司近一些的房子太贵。
Lí gōngsī jìn yìxiē de fángzi tài guì.

회화 1 🎧 12-02

○ 怎么了	zěnme le	무슨 일이야, 어떻게 된 거야
○ 感冒	gǎnmào	명 감기 동 감기에 걸리다
○ 了	le	조 동작의 완료 또는 상태의 변화를 나타냄
○ 药	yào	명 약, 약물
○ 多	duō	형 많다
○ 水	shuǐ	명 물
○ 休息	xiūxi	명 휴식 동 휴식하다
○ 几天	jǐ tiān	며칠
○ 这些	zhèxiē	대 이(것)들
○ 次	cì	양 번, 횟수
○ 饭	fàn	명 밥
○ 后	hòu	명 뒤, 후
○ 游泳	yóuyǒng	명 수영 동 수영하다
○ 可以	kěyǐ	조동 ~해도 좋다, ~할 수 있다
○ 过	guò	동 지나다, 경과하다

회화 2 🎧 12-03

○ 跟	gēn	전 ~와, ~과
○ 椅子	yǐzi	명 의자
○ 桌子	zhuōzi	명 탁자
○ 生病	shēngbìng	동 병이 나다
○ 让	ràng	동 ~을 하도록 시키다, ~하게 하다
○ 门口	ménkǒu	명 입구

小李　医生，我怎么了？
　　　Yīshēng, wǒ zěnme le?

TIP
'무슨 일이야?', '어떻게 된 거야?'의 뜻으로,
회화에서 자주 쓰이는 말입니다.

医生　感冒了。问题不大，吃点儿药、
　　　Gǎnmào le.　Wèntí bú dà, chī diǎnr yào、

　　　多喝热水，休息几天就会好。
　　　duō hē rè shuǐ, xiūxi jǐ tiān jiù huì hǎo.

小李　这些药什么时候吃？
　　　Zhèxiē yào shénme shíhou chī?

医生　一天三次，饭后吃。
　　　Yì tiān sān cì, fàn hòu chī.

小李　我每天早上去游泳，可以去游泳吗？
　　　Wǒ měitiān zǎoshang qù yóuyǒng, kěyǐ qù yóuyǒng ma?

医生　现在不可以，过几天后可以去游泳。
　　　Xiànzài bù kěyǐ, guò jǐ tiān hòu kěyǐ qù yóuyǒng.

小高 明天我跟小李一起去商店买椅子和桌子。
Míngtiān wǒ gēn Xiǎo Lǐ yìqǐ qù shāngdiàn mǎi yǐzi hé zhuōzi.

成元 你不知道吗？ 小李生病了。
Nǐ bù zhīdào ma?　Xiǎo Lǐ shēngbìng le.

小高 真的？ 她怎么了？
Zhēn de?　Tā zěnme le?

成元 她感冒了。 医生让她多休息。
Tā gǎnmào le.　Yīshēng ràng tā duō xiūxi.

小高 那明天我们一起去看看小李吧。
Nà míngtiān wǒmen yìqǐ qù kànkan Xiǎo Lǐ ba.

成元 好。 明天下午在学校门口见吧。
Hǎo.　Míngtiān xiàwǔ zài xuéxiào ménkǒu jiàn ba.

01 과거의 '了'와 변화의 '了'

'了 le'를 처음 접할 때 가장 많이 듣는 용법은 바로 '과거를 나타낸다'는 것입니다. 하지만 '了'는 결코 단순한 단어가 아닙니다. '了'는 문장에서 자주 등장하며 여러 가지 용법과 변수가 있습니다.

❶ '了'는 과거를 나타냅니다.

> • 我昨天去了学校。 나는 어제 학교에 갔어.
> Wǒ zuótiān qù le xuéxiào.

여기서 '了'는 동사 '去' 뒤에 등장하여 과거의 의미를 나타냅니다.

❷ '了'는 변화를 나타냅니다.

> • 下雪了。 눈이 내려. [눈이 내리기 시작할 때]
> Xiàxuě le.
>
> • 天气变了。 날씨가 변하기 시작해.(변했어.)
> Tiānqì biàn le.

위의 문장에서 '了'는 변화를 나타냅니다. 여기서 주의해야 할 점은 변화할 것 같은 상황, 즉 아직 일이 일어나지 않은 상황에도 쓰인다는 것입니다. 그렇기 때문에 문맥에 따라 '天气变了。 Tiānqì biàn le.'는 '날씨가 변할 것 같다.'라고 해석될 수도 있습니다.

变 biàn 통 변화하다, 변하다

02 명령의 사역동사 '让'

사역동사 '让 ràng'은 '(~에게) ~하게끔 시키다'의 뜻으로, 영어의 사역동사 'let', 'make', 'have'처럼 누가 누구에게 무언가를 시킬 때 사용됩니다. 'A 让 B'의 형식으로 자주 쓰이며, 'A'의 자리에는 무언가를 시키는 사람, 'B'의 자리에는 시킴을 받는 사람이 옵니다.

- 妈妈让我去。 엄마가 나에게 가라고 했어.
  Māma ràng wǒ qù.

- 我让他买西瓜。 나는 그에게 수박을 사라고 했어.
  Wǒ ràng tā mǎi xīguā.

'让'을 부정하고자 할 때는 '不'를 '让' 앞에 붙여 '不让'의 형식으로 쓸 수 있습니다.

- 他不让我吃。 그는 나에게 먹지 말라고 했어.
  Tā bú ràng wǒ chī.

- 老师不让我去。 선생님께서 나에게 가지 말라고 하셨어.
  Lǎoshī bú ràng wǒ qù.

03 어감을 부드럽게 '看看'

중첩은 같은 단어를 연속해서 사용하는 것을 말하는데요. 동사를 중첩하면 가볍고 부드러운 어감을 나타냅니다. 본문 대화에 등장한 '看看'에서 '看'은 '~을 보다'라는 뜻으로, 중첩해서 사용하게 되면 '좀 ~를 보자', '~ 좀 보렴'과 같은 부드러운 어감이 됩니다. 이때, 중첩된 동사 중 뒤에 오는 동사는 경성으로 읽습니다.

- 想想。 생각 좀 해 봐.
  Xiǎngxiang.

- 听听。 좀 들어봐.
  Tīngting.

- 学习学习。 공부 좀 하렴.
  Xuéxí xuéxí.

TIP 2음절 동사(AB)는 ABAB 형식으로 중첩하며 발음은 그대로 합니다.

교체 연습

01

明天我跟<mark>小李</mark>一起去<mark>商店买椅子和桌子</mark>。

Míngtiān wǒ gēn Xiǎo Lǐ yìqǐ qù shāngdiàn mǎi yǐzi hé zhuōzi.

내일 나는 샤오리와 함께 상점에 가서 의자와 탁자를 사기로 했어.

🔊 12-06

💬 색칠한 부분을 다양한 표현으로 바꾸어 연습해 봐요!

내일 나는 엄마와 함께 커피숍에 가기로 했어.

❶ 明天我跟<mark>妈妈</mark>一起去<mark>咖啡店</mark>。

Míngtiān wǒ gēn māma yìqǐ qù kāfēidiàn.

내일 나는 동료와 함께 운동하러 가기로 했어.

❷ 明天我跟<mark>同事</mark>一起去<mark>运动</mark>。

Míngtiān wǒ gēn tóngshì yìqǐ qù yùndòng.

내일 나는 친구와 함께 학교에 가기로 했어.

❸ 明天我跟<mark>同学</mark>一起去<mark>学校</mark>。

Míngtiān wǒ gēn tóngxué yìqǐ qù xuéxiào.

同事 tóngshì 명 동료, 동업자 | 同学 tóngxué 명 동창, 동급생

02 医生让她多休息。

Yīshēng ràng tā duō xiūxi.

의사 선생님이 그녀에게 많이 쉬라고 하셨어.

12-07

💬 색칠한 부분을 다양한 표현으로 바꾸어 연습해 봐요!

아빠가 나에게 중국어 공부를 하라고 하셨어.

❶ 爸爸让我学汉语。

Bàba ràng wǒ xué Hànyǔ.

아내가 남편에게 음식을 사오게 했어요.

❷ 妻子让丈夫买菜。

Qīzi ràng zhàngfu mǎi cài.

남자는 여자에게 무엇을 하라고 하나요?

❸ 男的让女的做什么?

Nán de ràng nǚ de zuò shénme?

妻子 qīzi 명 아내 | 丈夫 zhàngfu 명 남편 | 菜 cài 명 채소, 요리 | 男的 nán de 명 남자 | 女的 nǚ de 명 여자

1 녹음을 듣고 내용과 일치하는 사진을 고르세요.

1)

2)

3)

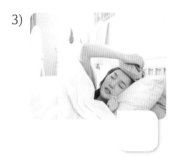

2 사진을 보고 아래의 문장을 완성하세요.

1)

医生_____她多休息。

Yīshēng _____ tā duō xiūxi.

의사 선생님이 그녀에게 많이 쉬라고 하셨어.

2)

那明天我们一起去_____小李吧。

Nà míngtiān wǒmen yìqǐ qù _____ Xiǎo Lǐ ba.

그럼 내일 우리 같이 샤오리를 좀 보러 가자.

3 녹음을 듣고 ◯ 혹은 ✕를 표기하세요. 🎧 **12-09**

1) 我每天早上去游泳。

   Wǒ měitiān zǎoshang qù yóuyǒng.

2) 明天我跟小李一起去商店买椅子和桌子。

   Míngtiān wǒ gēn Xiǎo Lǐ yìqǐ qù shāngdiàn mǎi yǐzi hé zhuōzi.

3) 明天下午在学校门口见吧。

   Míngtiān xiàwǔ zài xuéxiào ménkǒu jiàn ba.

4 녹음을 듣고 내용과 일치하는 사진을 고르세요. 🎧 **12-10**

1)

2)

3)

∷ 중국의 장례 문화

중국인은 혼례 못지않게 죽음 또한 매우 중요하게 생각했습니다. 중국인은 태어나 장수하여 자손들 곁에서 죽음을 맞이하고 흙으로 돌아가는 것을 가장 복된 죽음이라 여겼으며 부모의 장례를 잘 치르는 것이 자식의 가장 큰 도리였습니다.

옛날에는 사람은 죽으면 흙으로 돌아가서 편안함을 찾아야 한다고 생각하여 대체로 흙에 묻는 토장(土葬 tǔzàng)을 선호했습니다. 하지만 신 중국 이후 급격한 인구 증가로 인해 매장할 토지가 부족하게 되자 중국 정부는 국민들에게 화장(火葬 huǒzàng)을 권유하게 되었습니다. 이러한 정부의 노력으로 인해 도시에서 화장의 비율은 90%까지 높아졌습니다.

정부의 노력으로 안장법(安葬法 ānzàngfǎ)은 대체로 매장에서 화장으로 바뀌었지만, 많은 손님을 초대하여 자신의 체면을 세우고 부모님께 효(孝 xiào)를 다하려는 인식 때문에 지나치게 화려한 장례 예식 문제는 최근 중국의 새로운 사회 문제로 떠오르고 있습니다.

본문 해석
및
마무리 체크 모범 답안

01과
인사해요.
你好!

본문 해석   p.24

회화1
만났을 때

小李·小高 안녕!

成元   안녕!

헤어질 때

小李·小高 잘 가!

成元   잘 가!

회화2
고마울 때

小李 고마워!

成元 천만에!

미안할 때

成元 미안해!

小李 괜찮아!

마무리 체크 모범 답안   p.31

1. 1) 你好!   2) 你们
2. 1) nǐ   2) hǎo   3) wǒmen
   4) zàijiàn   5) xièxie   6) duìbuqǐ
3. 🔊 녹음

   > A: 谢谢。
   > B: 不客气。

정답 1)

02과
이름과 국적을 이야기해요.
你叫什么名字?

본문 해석   p.38

회화1
小李 네 이름이 뭐야?

成元 '성원'이라 불러. 너는?

小李 내 성은 '리'이고 이름은 '리쉬에'야.

成元 만나서 반가워.

小李 나도 만나서 반가워.

회화2
成元 너는 어느 나라 사람이야?

小李 나는 중국인이야. 너도 중국인이니?

成元 아니, 나는 한국인이야. 그는 어느 나라 사람이야?

小李 그는 미국인이야.

마무리 체크 모범 답안   p.45

1. 1) 什么   2) 名字   3) 高兴
2. 1) yíyàng   2) yìzhí   3) yìqǐ
   4) bù hǎo   5) bú shì   6) bù chī
3. 🔊 녹음

   > A: 你是哪国人?
   > B: 我是美国人。

정답 3)

03과

주소와 전화번호를 이야기해요.
你的手机号码是多少?

본문 해석   p.52

회화1
小李 너 어디 가니?
成元 나는 커피숍에 가. 우리 집 근처에 커피숍이 있어.
小李 너는 어디 살아?
成元 우리 집은 종샨 아파트 1208호야.

회화2
小李 너 선생님 휴대전화 번호를 알고 있니?
成元 나는 몰라.
小李 네 휴대전화 번호는 뭐야?
成元 13366285230이야. 너는 휴대전화 있어?
小李 나는 휴대전화가 없어.

마무리 체크 모범 답안   p.59

1. 1) 家   2) 手机   3) 没有

2. 🔊 녹음

   1) 我去咖啡店。
   2) 我住在203号。
   3) 我的手机号码是13362785238。

   정답 1) X   2) O   3) X

3. 🔊 녹음

   A: 你住在哪儿?
   B: 我住在302号。

   정답 2)

04과

가족과 나이를 이야기해요.
你家有几口人?

본문 해석   p.66

회화1
小李 그녀는 누구야? 엄청 예쁘다.
成元 우리 누나야.
小李 너희 가족은 몇 명이야?
成元 우리 가족은 다섯 식구야. 아빠, 엄마, 누나, 남동생 그리고 나.

회화2
小李 올해 너는 몇 살이야?
成元 23살이야. 너는?
小李 나는 올해 22살이야. 남동생은 몇 살이야?
成元 걔는 올해 19살이야. 나보다 4살 어려.
小李 남동생은 학생이야, 아니야?
成元 학생이야. 학교에서 중국어를 공부해.

마무리 체크 모범 답안   p.72

1. 1) jǐ   2) kǒu   3) suì
   4) yě   5) jīnnián   6) duō dà
   7) xuéxiào   8) Hànyǔ

2. 1) 你弟弟是不bu是学生?
   2) 我比bǐ他大三岁。

3. 🔊 녹음

   1) 我家有六口人。
   2) 她是我姐姐。
   3) 二十二岁。

   정답 1) X   2) O   3) O

4. 🔊 녹음

   A: 他是学生吗?
   B: 是，他在学校学汉语。

   정답 3)

05과

날짜와 시간을 이야기해요.
现在几点?

본문 해석 p.78

회화1

小李 오늘은 내 생일이야.

成元 생일 축하해!

小李 네 생일은 몇 월 며칠이야?

成元 내 생일은 10월 4일이야.

회화2

小李 여보세요?

成元 나 성원이야. 우리 언제 만날 수 있어?

小李 수요일 어때?

成元 좋아. 지금 몇 시야?

小李 3시 25분이야. 무슨 일 있어?

成元 나 도서관에 가야 해.

마무리 체크 모범 답안 p.84

1. 1) yuè 　　2) hào 　　3) wéi
   4) diǎn 　5) shēngrì 　6) xīngqī
   7) jiànmiàn 　8) túshūguǎn

2. 1) 你的生日是几jǐ月几jǐ号?
   2) 我要yào去图书馆。

3. 🔊 녹음

   1) 我的生日是五月四号。
   2) 今天是我的生日。
   3) 三点二十五分。

   정답 1) X 　2) X 　3) O

4. 🔊 녹음

   A: 生日快乐!
   B: 谢谢!

   정답 1)

06과

친구와 약속을 해요.
我们一起去玩电脑游戏吧。

본문 해석 p.90

회화1

小李 수업이 끝난 후에 우리 같이 컴퓨터 게임하러 가자.

成元 컴퓨터 게임은 눈에 좋지 않아.

　　 밖에 나가서 달리기하는 건 어때?

小李 좋아. 공원에서 보자.

회화2

服务员 무엇이 필요하세요?

成元 저는 커피 한 잔이요.

　　 샤오리, 너는 커피 아니면 차?

小李 오늘 너무 피곤해. 나도 커피 마실래.

成元 저기요, 커피 두 잔 주세요.

服务员 알겠습니다. 잠시만 기다려주세요.

마무리 체크 모범 답안 p.96

1. 1) duì 　　2) bēi 　　3) chá
   4) wán 　5) shíjiān 　6) xiàkè
   7) pǎobù 　8) háishi

2. 1) 你要咖啡还是háishi茶?
   2) 我要一杯bēi咖啡。

3. 🔊 녹음

   1) 下课以后我们一起去玩电脑游戏吧。
   2) 我要一杯茶。
   3) 今天我很累。

   정답 1) O 　2) X 　3) O

4. 🔊 녹음

   A: 你们要什么?
   B: 我们要两杯咖啡。

   정답 2)

07과
취미를 이야기해요.
你喜欢什么运动?

본문 해석   p.102

회화1
小李 너는 어떤 운동을 좋아해?
成元 나는 축구와 농구하는 것을 좋아해. 너는?
小李 나는 운동을 좋아하지 않아. 영화 보는 게 좋아.
成元 어떤 영화를 가장 좋아해?
小李 나는 무엇이든 다 좋아.

회화2
小李 너는 뭘 먹는 걸 좋아해?
成元 나는 사과를 좋아해. 너는?
小李 나도 사과를 좋아하지만, 수박을 더 좋아해.
成元 너의 취미는 뭐야?
小李 노래 부르는 것과 춤추는 걸 좋아해. 너는?
成元 나는 자전거 타는 걸 좋아해.

마무리 체크 모범 답안   p.108

1. 1) dǎ   2) kàn   3) chī
    4) gèng   5) xǐhuan   6) diànyǐng
    7) píngguǒ   8) xīguā

2. 1) 虽然我也喜欢吃苹果，但是dànshì我更喜欢吃西瓜。
    2) 我喜欢骑qí自行车。

3. 🔊 녹음

    1) 我喜欢打篮球。
    2) 我喜欢吃苹果。
    3) 虽然我也喜欢吃西瓜，但是我更喜欢吃苹果。

정답 1) X   2) O   3) X

4. 🔊 녹음

    A: 你喜欢吃什么?
    B: 我喜欢吃苹果。

정답 3)

08과
날씨를 이야기해요.
今天晚上天气怎么样?

본문 해석   p.114

회화1
小李 오늘 저녁에 날씨는 어때?
成元 오늘은 흐려. 아마도 비가 올 것 같아.
小李 내일 날씨는 어때?
成元 내일은 맑아. 춥지도 덥지도 않아.
小李 그럼 내일 우리 같이 상점에 가서 물건을 좀 사자.

회화2
小李 여보세요, 언제 상하이에 도착해?
小高 오늘 오후 5시 비행기야.
     아마 내일 아침 8시에 공항에 도착할 거야.
小李 좋아. 공항에서 기다릴게.
小高 고마워. 요즘 상하이의 날씨는 어때?
小李 매일 눈이 내리고 있어. 너무 추워.
小高 난 눈 내리는 날씨 좋아해. 상관없어.

마무리 체크 모범 답안   p.120

1. 🔊 녹음

    A: 今天天气怎么样?
    B: 今天是晴天，不冷也不热。

정답 1)

2. 1) 今天是阴天，可能会huì下雨。
    2) 每天下着zhe雪，很冷。

3. 🔊 녹음

    1) 明天是晴天。
    2) 今天是阴天，可能会下雪。
    3) 今天下午八点的飞机。

정답 1) O   2) X   3) X

4. 🔊 녹음

    A: 你什么时候到上海?
    B: 今天八点的飞机。

정답 1)

09과

직업을 이야기해요.

你爸爸做什么工作?

본문 해석   p.126

회화1

小李 너희 아버지는 무슨 일을 하시니?

成元 병원에서 일하셔, 의사야.

小李 어머니는 무슨 일을 하시니?

成元 어머니는 중국어 선생님이야.

小李 두 분은 바쁘시니?

成元 응. 매우 바쁘셔서 저녁에 집에 돌아오면 바로 주무셔.

회화2

小李 너는 어떤 일을 하고 싶어?

成元 나는 호텔 종업원이 되고 싶어.

小李 중국에서 직업을 찾고 싶어?

成元 중국에서 직업을 찾기 매우 어렵지만 중국에서 일하고 싶어.

小李 좋을 것 같아. 무슨 문제가 있으면 내가 도와줄게.

마무리 체크 모범 답안   p.132

1. 　◀)) 녹음

   A: 你妈妈做什么工作?
   B: 她在医院工作，她是医生。

정답 3)

2. 1) 因为Yīnwèi他们工作很忙，所以suǒyǐ晚上到
      家就睡觉。
   2) 你有问题的时候de shíhou，我可以帮你。

3. 　◀)) 녹음

   1) 我妈妈是医院的医生。
   2) 我想做宾馆的服务员。
   3) 你有问题的时候，我可以帮你。

정답 1) X   2) O   3) O

4. 　◀)) 녹음

   A: 他做什么工作?
   B: 他是汉语老师。

정답 3)

10과

물건을 구입해요.

多少钱?

본문 해석   p.138

회화1

小李 내일 오후에 나 상점에 가려고 해. 너 시간 있어?

成元 있어. 무엇을 사려고 하는데?

小李 나는 빨간색 옷 한 벌을 사고 싶어. 우리 같이 가자.

상점에서

小李 　안녕하세요! 저는 빨간색 옷을 사려고 해요.

服务员 이쪽이 모두 빨간색 옷입니다.

小李 　저는 이 옷이 마음에 들어요. 얼마예요?

服务员 350위안입니다.

小李 　너무 비싸요. 조금 싸게 해주세요.

회화2

小李 　안녕하세요! 사과와 수박을 사려고 해요.

服务员 오늘 수박이 매우 좋아요. 수박은 한 근에 2위안
      이고, 사과는 한 근에 6위안입니다.

小李 　사과 3근, 수박 5근 주세요.

계산대에서

服务员 모두 28위안입니다.

小李 　네. 28위안 여기 있어요.

마무리 체크 모범 답안   p.144

1. 🔊 녹음

   > A: 你想买什么?
   > B: 我想买件红色的衣服。

   정답 2)

2. 1) 我喜欢黑色hēisè。
   2) 一斤jīn西瓜两块钱。

3. 🔊 녹음

   > 1) 我想买黑色的衣服。
   > 2) 我要三斤苹果和五斤西瓜。
   > 3) 一共十九块钱。

   정답 1) X   2) O   3) X

4. 🔊 녹음

   > A: 多少钱?
   > B: 三百五十块钱。

   정답 2)

11과

거리를 표현해요.

从北京到上海远吗?

본문 해석   p.150

회화1

小李 다음 주에 나는 집으로 돌아가려고 해. 우리 집은 상하이에 있어. 상하이에 가 본 적 있어?

成元 나는 상하이에 가 본 적 없어. 베이징에서 상하이까지 멀어?

小李 멀지 않아. 고속철을 타고 5시간이면 상하이에 도착해.

成元 그래? 나도 가고 싶어.

小李 다음에 같이 가자. 우리 집에는 귀여운 강아지와 고양이도 있어.

成元 진짜? 난 동물을 좋아해. 다음에 같이 가자.

회화2

小李 눈이 왜 빨개? 저녁에 잠을 잘 못 잤어?

小高 우리 집에서 회사가 너무 멀어서 나는 매일 엄청 피곤해.

小李 매일 어떻게 출근해?

小高 버스 타고 출근해.

小李 매일 피곤하면 건강에 좋지 않아. 회사에서 좀 가까운 집을 찾아봐.

小高 나도 알고 있어. 하지만 회사에서 가까운 집은 너무 비싸.

小李 그럼 택시를 타고 출근해. 하하!

마무리 체크 모범 답안   p.156

1. 🔊 녹음

   > A: 你每天怎么去上班?
   > B: 我坐公共汽车去上班。

   정답 1)

2. 1) 你去过guo上海吗?
   2) 我家离lí公司很远。

3. 🔊 녹음

   > 1) 我没去过上海。
   > 2) 坐高铁六个小时就到上海。
   > 3) 我坐出租车去上班。

   정답 1) O   2) X   3) X

4. 🔊 녹음

   > A: 你家有什么?
   > B: 我家里有可爱的狗和猫。

   정답 1)

12과

의사 선생님과 이야기해요.

小李生病了。

본문 해석 p.162

회화1

小李 선생님, 저는 어떤가요?

医生 감기입니다. 문제가 크지 않아요. 약 좀 드시고 뜨거운 물을 많이 드세요. 며칠 휴식을 취하면 좋아질 거예요.

小李 이 약들은 언제 먹나요?

医生 하루에 세 번, 식후에 복용하세요.

小李 저는 매일 아침 수영을 하는데 수영은 해도 될까요?

医生 지금은 안 됩니다. 며칠 지난 후에는 수영해도 됩니다.

회화2

小高 내일 샤오리와 같이 상점에 가서 의자와 탁자를 사려고 해.

成元 너 몰랐어? 샤오리는 병이 났어.

小高 진짜? 샤오리는 어때?

成元 감기야. 의사 선생님이 휴식을 취하라고 했어.

小高 그럼 내일 우리 같이 샤오리를 좀 보러 가자.

成元 좋아. 내일 오후 학교 정문에서 보자.

마무리 체크 모범 답안 p.168

1. 🔊 녹음

   A: 她怎么了?

   B: 她生病了。

   정답 3)

2. 1) 医生让ràng她多休息。

   2) 那明天我们一起去看看kànkan小李吧。

3. 🔊 녹음

   1) 我每天早上去游泳。

   2) 明天我跟小李一起去商店买手机和衣服。

   3) 明天下午在咖啡店门口见吧。

   정답 1) O   2) X   3) X

4. 🔊 녹음

   A: 他生病了。

   B: 那明天我们一起去看看他吧。

   정답 3)

중국어를 가장 쉽게 시작할 수 있는

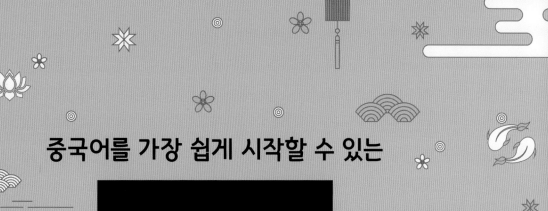

처음
만나는
중국어

강효숙 저

WORKBOOK

新HSK 2급 실전 모의고사 3회
新HSK 1~2급 필수 어휘 300개

 시사중국어사

중국어를 가장 쉽게 시작할 수 있는

강효숙 저

WORKBOOK

시사중국어사

목차

❶ 新HSK 2급이란?

우선 新HSK는 응시자의 중국어 실력을 판단하는 시험으로, 新HSK 2급을 통과한 수험생은 일상생활에서 일어나는 일들에 대해 간단히 중국어로 이야기할 수 있는 정도의 수준입니다.

❷ 시험 대상

新HSK 2급은 매주 2시간에서 3시간(80~120시간) 정도의 중국어를 학습하고, 300개의 상용 어휘와 관련한 어법 지식을 습득한 학생을 대상으로 합니다.

❸ 시험 구성

新HSK 2급 시험은 듣기와 독해 두 영역으로 이루어져 있으며 총 60문제가 출제됩니다.

시험 내용		문항 수	시험 시간
1) 듣기	제1부분	10	약 25분
	제2부분	10	
	제3부분	10	35문항
	제4부분	5	
답안 작성 시간			3분
2) 독해	제1부분	5	22분
	제2부분	5	
	제3부분	5	25문항
	제4부분	10	
합계		60문항	약 50분

※ 총 시험 시간은 응시자 개인 정보를 작성하는 시간인 5분을 포함한 약 55분입니다.

❹ 성적표

新HSK 2급 성적표는 듣기, 독해 두 영역의 점수와 총점이 각각 기재됩니다. 또한, 각 영역별 만점은 100점으로 총점은 200점이며, 120점 이상이면 합격입니다. 新HSK 성적은 시험일로부터 2년간 유효합니다.

❺ 문제 유형 파악

1) 듣기

제1부분	총 10문제로, 각 문제당 2회씩 들려줍니다. 시험지에는 하나의 사진이 주어지고, 청취한 내용에 근거하여 맞는 것과 틀린 것을 판단합니다.
제2부분	총 10문제로, 각 문제당 2회씩 들려줍니다. 시험지에는 몇 개의 사진이 주어지고, 청취한 내용에 근거하여 그에 해당하는 사진을 고릅니다.
제3부분	총 10문제로, 각 문제당 2회씩 들려줍니다. 두 사람의 두 마디 대화로 이루어지며 이 대화 내용에 근거해 하나의 질문을 합니다. 응시생은 청취한 내용을 바탕으로 하여 세 가지 보기 중 답안을 고릅니다.
제4부분	총 5문제로, 각 문제당 2회씩 들려줍니다. 두 사람의 네 마디 이상의 대화로 이루어지며 이 대화 내용에 근거해 하나의 질문을 합니다. 응시생은 청취한 내용을 바탕으로 하여 세 가지 보기 중 답안을 고릅니다.

2) 독해

제1부분	총 5문제로, 시험지에는 몇 개의 사진이 주어지며, 각 문제에서 주어지는 문장 내용에 적합한 사진을 고릅니다.
제2부분	총 5문제로, 시험지에는 6개의 보기 단어가 주어지며, 각 문제마다 빈칸이 있습니다. 응시생은 각각의 빈칸에 주어진 단어를 적절히 배치합니다.
제3부분	총 5문제로, 하나의 단문마다 하나의 문제가 주어집니다. 응시생은 단문의 내용과 문제가 일치하는지를 판단합니다.
제4부분	총 10문제로, 시험지에는 보기 5문장과 문제 5문장이 각각 주어지고, 응시생은 각 문제의 내용과 관련 있는 보기 문장을 찾습니다.

新HSK 2급
실전 모의고사
1회

新汉语水平考试
HSK（二级）
模拟试题（一）

注　　意

一、HSK（二级）分两部分：

　　1. 听力（35 题，约 25 分钟）

　　2. 阅读（25 题，22 分钟）

二、听力结束后，有 3 分钟填写答题卡。

三、全部考试约 55 分钟（含考生填写个人信息时间 5 分钟）。

一、听 力

第一部分

第 1-10 题

例如：		✓
		✕
1.		
2.		
3.		
4.		

5.			
6.			
7.			
8.			
9.			
10.			

第二部分

第 11-15 题

A

B

C

D

E

F

例如： 男： Nǐ xǐhuan shénme yùndòng?
你 喜欢 什么 运动？

女： Wǒ zuì xǐhuan tī zúqiú.
我 最 喜欢 踢足球。

D

11. ☐

12. ☐

13. ☐

14. ☐

15. ☐

第 16-20 题

A

B

C

D

E

16. ☐

17. ☐

18. ☐

19. ☐

20. ☐

第三部分

第 21-30 题

　　　　　　Xiǎo Wáng,　zhèlǐ yǒu jǐ ge bēizi,　nǎge shì nǐ de?
例如：男：小　王，　这里 有 几 个 杯子，哪个 是 你 的？

　　　　　　Zuǒbian nàge hóngsè de shì wǒ de.
　　　　女：左边　那个　红色　的 是 我 的。

　　　　　　Xiǎo Wáng de bēizi shì shénme yánsè de?
　　　　问：小　王　的 杯子 是　什么　颜色　的？

　　　　　　hóngsè　　　　　　　　hēisè　　　　　　　　　báisè
　　　　A　红色 ✓　　　　B　黑色　　　　C　白色

　　　　　　zhège xīngqī　　　　　shàng xīngqī　　　　　xià xīngqī
21.　A　这个　星期　　　B　　上　星期　　C　下　星期

　　　　　　tóngxué　　　　　　　　qīzi　　　　　　　　　péngyou
22.　A　同学　　　　　　B　妻子　　　　C　　朋友

　　　　　　yángròu　　　　　　　　yú　　　　　　　　　　kāfēi
23.　A　羊肉　　　　　　B　鱼　　　　　C　咖啡

　　　　　　lǎoshī　　　　　　　　yīshēng　　　　　　　fúwùyuán
24.　A　老师　　　　　　B　医生　　　　C　　服务员

　　　　　　bàba　　　　　　　　　jiějie　　　　　　　　gēge
25.　A　爸爸　　　　　　B　姐姐　　　　C　哥哥

　　　　　　tiānqì bù hǎo　　　　　gōngsī méiyǒu shì　　xià yǔ
26.　A　天气 不 好　　　B　公司　没有 事　C　下 雨

　　　　　　xuéxiào lǐ　　　　　　chūzūchē lǐ　　　　　gōngsī lǐ
27.　A　学校 里　　　　B　出租车 里　　C　公司 里

28. A 手机 shǒujī   B 手表 shǒubiǎo   C 电脑 diànnǎo

29. A 准备 考试 zhǔnbèi kǎoshì   B 玩 电脑 wán diànnǎo   C 运动 yùndòng

30. A 做 菜 zuò cài   B 洗 衣服 xǐ yīfu   C 学习 xuéxí

第四部分

第 31–35 题

Qǐng zài zhèr xiě nín de míngzi.
例如: 女: 请 在 这儿 写 您 的 名字。

Shì zhèr ma?
男: 是 这儿 吗?

Bú shì, shì zhèr.
女: 不 是， 是 这儿。

Hǎo, xièxie.
男: 好， 谢谢。

Nán de yào xiě shénme?
问: 男 的 要 写 什么?

	míngzi		shíjiān		fángjiān hào
A	名字 ✓	B	时间	C	房间 号

	yīntiān		qíngtiān		xià xuě
31. A	阴天	B	晴天	C	下 雪

	gōnggòng qìchē lǐ		fàndiàn lǐ		chūzūchē lǐ
32. A	公共汽车 里	B	饭店 里	C	出租车 里

	qǐchuáng		shuìjiào		xuéxí
33. A	起床	B	睡觉	C	学习

	yǒu kǎoshì		shēngbìng		yào qù yóuyǒng
34. A	有 考试	B	生病	C	要 去 游泳

	Běijīng		Hángzhōu		Shànghǎi
35. A	北京	B	杭州	C	上海

二、阅 读

第一部分

第 36-40 题

A

B

C

D

E

F

Měi ge xīngqīliù, wǒ dōu qù dǎ lánqiú.
例如: 每 个 星期六, 我 都 去 打 篮球。   D

Jīntiān tā pǎo le ge dì-yī.
36. 今天 她 跑 了 个 第一。

Zhè kuài shǒubiǎo shì wǒ māma sònggěi wǒ de.
37. 这 块 手表 是 我 妈妈 送给 我 的。

Jiějie bǐ dìdi gāo.
38. 姐姐 比 弟弟 高。

Jīntiān shì nǐ de shēngrì ba. Shēngrì kuàilè!
39. 今天 是 你 的 生日 吧。 生日 快乐!

Wǒ juéde zhè jiàn hǎokàn.
40. 我 觉得 这 件 好看。

第二部分

第 41-45 题

sòng	bēi	shíjiān	gōngsī	guì	jiàn
A 送	B 杯	C 时间	D 公司	E 贵	F 件

Zhèr de yángròu hěn hǎochī, dànshì yě hěn
例如: 这儿 的 羊肉 很 好吃, 但是 也 很 (E)。

Zuìjìn gōngzuò hěn máng, méiyǒu   xiūxi.
41. 最近 工作 很 忙, 没有 (   ) 休息。

Wǒ juéde zhè   yīfu hěn hǎokàn.
42. 我 觉得 这 (   ) 衣服 很 好看。

Fúwùyuán, qǐng gěi wǒ yì   kāfēi.
43. 服务员, 请 给 我 一 (   ) 咖啡。

Zhè shì wǒ māma   gěi wǒ de shǒujī.
44. 这 是 我 妈妈 (   ) 给 我 的 手机。

Nǐ jiā lí   yuǎn ma?
45. 男: 你 家 离 (   ) 远 吗?

Bù yuǎn. Zǒulù wǔ fēnzhōng jiù dào le.
女: 不 远。 走路 五 分钟 就 到 了。

第三部分

第 46-50 题

例如：
Xiànzài shì   diǎn   fēn, tāmén yǐjīng yóu le   fēnzhōng le.
现在   是 11点 30分， 他们 已经   游 了 20分钟   了。

Tāmen diǎn   fēn kāishǐ yóuyǒng.
★ 他们 11点 10分 开始   游泳。   （ ✓ ）

Wǒ huì tiàowǔ,   dàn tiào de bú tài hǎo.
我 会 跳舞，   但 跳 得 不 太 好。

Tā tiào de fēicháng hǎo.
★ 她 跳 得   非常   好。   （ ✗ ）

46.
Bàba gōngzuò hěn máng,   měitiān yí dào jiā jiù shuìjiào,   méi shíjiān hé wǒ
爸爸   工作   很 忙，   每天 一 到 家 就 睡觉，   没 时间 和 我
wán.
玩。

Bàba měitiān hé wǒ yìqǐ wán.
★ 爸爸   每天   和 我 一起 玩。   （   ）

47.
Yǒude rén zǎoshang xǐhuan chī píngguǒ,   yīnwèi zǎoshang chī píngguǒ duì
有的   人   早上   喜欢 吃 苹果，   因为   早上   吃 苹果 对
shēntǐ fēicháng hǎo.
身体 非常   好。

Zǎoshang chī píngguǒ duì shēntǐ hěn hǎo.
★ 早上   吃 苹果 对 身体 很 好。   （   ）

48.
Bā yuè hòu,   wǒ zhǔnbèi kǎoshì,   děng kǎowán shì,   yào qù Běijīng lǚyóu.
八 月 后，我 准备 考试，   等 考 完 试，要 去 北京 旅游。
Wǒ dì-yī cì qù Běijīng.
我 第一 次 去 北京。

Wǒ qùguo Běijīng.
★ 我 去过 北京。   （   ）

49.
Suīrán zuìjìn lǎoshī yǒu shì bú shàngkè, dànshì dàjiā dōu lái xuéxiào xué
虽然 最近 老师 有 事 不 上课, 但是 大家 都 来 学校 学
Hànyǔ.
汉语。

Lǎoshī měitiān dōu shàngkè.
★ 老师 每天 都 上课。 ( )

50.
Nà jiā fàndiàn de cài fēicháng hǎochī, yě bú guì, tóngxuémen dōu hěn
那 家 饭店 的 菜 非常 好吃, 也 不 贵, 同学们 都 很
xǐhuan zài nàr chīfàn.
喜欢 在 那儿 吃饭。

Nà jiā fàndiàn de cài piányi.
★ 那 家 饭店 的 菜 便宜。 ( )

第四部分

第 51–55 题

A
　Shéi lái huídá zhège wèntí?
　谁 来 回答 这个 问题？

B
　Xiě de fēicháng hǎo, dàjiā dōu hěn xǐhuan kàn.
　写 得 非常 好，大家 都 很 喜欢 看。

C
　Xièxie nǐ lái bāng wǒ.
　谢谢 你 来 帮 我。

D
　Tā zǒu de tài màn, tā zěnme le?
　她 走 得 太 慢，她 怎么 了？

E
　Tā zài nǎr ne? Nǐ kànjiàn tā le ma?
　他 在 哪儿 呢？你 看见 他 了 吗？

F
　Yòubian shì "yuè" zì, zuǒbian shì "rì" zì.
　右边 是"月"字，左边 是"日"字。

　Tā hái zài jiàoshì lǐ xuéxí.
例如：他 还 在 教室 里学习。　　　　　E

Lǎoshī, wǒ lái huídá.
51. 老师，我 来 回答。

Tā shēngbìng le, zhè yǐjīng bǐ zuótiān hǎo duō le.
52. 她 生病 了，这 已经 比 昨天 好 多 了。

Bú kèqi, yǒu wèntí de shíhou lái zhǎo wǒ ba.
53. 不客气，有 问题 的 时候 来 找 我 吧。

Nǐ juéde nà běn shū xiě de zěnmeyàng?
54. 你 觉得 那本 书 写 得 怎么样？

Nǐ zhīdào "míng" zěnme xiě?
55. 你 知道 "明" 怎么 写？

第 56-60 题

A
Míngtiān shì wǒ gēge de shēngrì.
明天　是 我 哥哥 的　生日。

B
Nǐ rènshi tā ma?
你 认识 她 吗?

C
Hěn jìn, zǒu shí fēnzhōng jiù dào.
很 近, 走 十　分钟　就 到。

D
Tā zhùzài fángjiān, yòubian jiù shì.
他 住在 201 房间,　右边　就 是。

E
Nǐ juéde zhè jiàn zěnmeyàng?
你 觉得 这 件　怎么样?

56.
Chuān báisè yīfu de ba? Tā shì wǒ de tóngshì.
穿　白色 衣服 的 吧? 她 是 我 的　同事。 □

57.
Búcuò, bǐ hóngsè de hái hǎokàn.
不错, 比 红色 的 还　好看。 □

58.
Wǒ yǐjīng zhǔnbèi le tā xǐhuan de shǒubiǎo.
我 已经　准备　了 他 喜欢 的　手表。 □

59.
Zhèr lí xuéxiào yuǎn ma?
这儿 离 学校　远 吗? □

60.
Qǐngwèn, Zhāng xiānsheng zhùzài zhèr ma?
请问,　张　先生　住在 这儿 吗? □

新HSK 2급
실전 모의고사
2회

新汉语水平考试
HSK（二级）
模拟试题（二）

注　意

一、HSK（二级）分两部分：

　　1. 听力（35题，约25分钟）

　　2. 阅读（25题，22分钟）

二、听力结束后，有3分钟填写答题卡。

三、全部考试约55分钟（含考生填写个人信息时间5分钟）。

一、听 力

第一部分

第 1–10 题

例如:		✓
		✕
1.		
2.		
3.		
4.		

5.			
6.			
7.			
8.			
9.			
10.			

第二部分

第 11–15 题

A

B

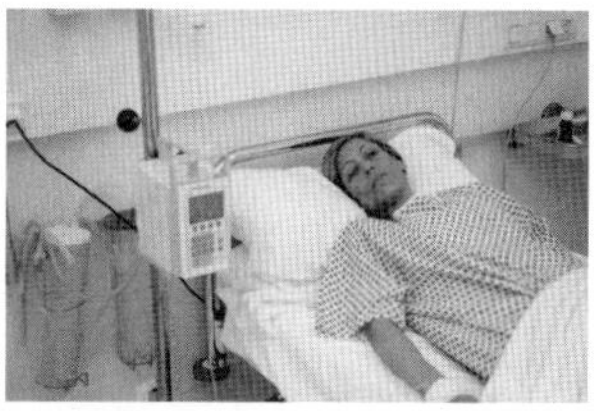

C

D

E

F

Nǐ xǐhuan shénme yùndòng?
例如：男：你 喜欢 什么 运动？

D

Wǒ zuì xǐhuan tī zúqiú.
女：我 最 喜欢 踢 足球。

11. ☐

12. ☐

13. ☐

14. ☐

15. ☐

第 16-20 题

A

B

C

D

E

16. ☐

17. ☐

18. ☐

19. ☐

20. ☐

第三部分

第 21-30 题

例如：

男： Xiǎo Wáng, zhèlǐ yǒu jǐ ge bēizi, nǎge shì nǐ de?
　　 小　王，这里 有 几 个 杯子，哪个 是 你 的？

女： Zuǒbian nàge hóngsè de shì wǒ de.
　　 左边 那个 红色 的 是 我 的。

问： Xiǎo Wáng de bēizi shì shénme yánsè de?
　　 小　王 的 杯子 是 什么 颜色 的？

	hóngsè		hēisè		báisè
A	红色 ✓	B	黑色	C	白色

21.

	xià xuě		xià yǔ		hěn rè
A	下 雪	B	下 雨	C	很 热

22.

	wǔ diǎn		wǔ diǎn shí fēn		wǔ diǎn bàn
A	五 点	B	五 点 十 分	C	五 点 半

23.

	shēngbìng		yǒu shì		zhǔnbèi kǎoshì
A	生病	B	有 事	C	准备 考试

24.

	búcuò		bù hǎo		hái hǎo
A	不错	B	不 好	C	还 好

25.

	niúnǎi		jīdàn		shuǐguǒ
A	牛奶	B	鸡蛋	C	水果

26.

	lǎoshī de		nán de de		nǚ de de
A	老师 的	B	男 的 的	C	女 的 的

27.

	zuò gōnggòng qìchē		zuò chūzūchē		zuò fēijī
A	坐　公共汽车	B	坐 出租车	C	坐 飞机

28. A   踢足球   B   游泳   C   旅游

tī zúqiú	yóuyǒng	lǚyóu
A 踢足球	B 游泳	C 旅游

28.

wǔ kuài	shí kuài	shíwǔ kuài
A 五块	B 十块	C 十五块

29.

Běijīng	Shànghǎi	Hángzhōu
A 北京	B 上海	C 杭州

30.

第四部分

第 31-35 题

Qǐng zài zhèr xiě nín de míngzi.
例如：女：请 在 这儿 写 您 的 名字。

Shì zhèr ma?
男：是 这儿 吗？

Bú shì, shì zhèr.
女：不 是， 是 这儿。

Hǎo, xièxie.
男：好， 谢谢。

Nán de yào xiě shénme?
问：男 的 要 写 什么？

míngzi	shíjiān	fángjiān hào
A 名字 ✓	B 时间	C 房间 号

	shàngkè tài lèi	shēntǐ bù hǎo	tiān tài rè
31.	A 上课 太 累	B 身体 不 好	C 天 太 热

	yīshēng	lǎoshī	xuésheng
32.	A 医生	B 老师	C 学生

	míngtiān	xīngqī'èr	xīngqīsān
33.	A 明天	B 星期二	C 星期三

	Zhāng lǎoshī	Wáng lǎoshī	yīshēng
34.	A 张 老师	B 王 老师	C 医生

	yánsè bù hǎo	bù xǐhuan hēisè	gèng xǐhuan báisè
35.	A 颜色 不 好	B 不 喜欢 黑色	C 更 喜欢 白色

二、阅 读

第一部分

第 36-40 题

A

B

C

D

E

F

例如：
Měi ge xīngqīliù, wǒ dōu qù dǎ lánqiú.
每 个 星期六， 我 都 去 打 篮球。　　D

36.
Zhè shì shéi de xiǎomāo?
这 是 谁 的 小猫？

37.
Yòubian shì wǒ, zuǒbian shì wǒ de qīzi.
右边 是 我， 左边 是 我 的 妻子。

38.
Zhāng xiānsheng gōngzuò hěn máng, bù néng huí jiā.
张 先生 工作 很 忙， 不 能 回 家。

39.
Tā tiàowǔ tiào de fēicháng hǎo.
她 跳舞 跳 得 非常 好。

40.
Xiǎogǒu shì wǒ zuì hǎo de péngyou.
小狗 是 我 最 好 的 朋友。

第二部分

第 41-45 题

	cóng		zhāng		jièshào		kěnéng		guì		gàosu
A	从	B	张	C	介绍	D	可能	E	贵	F	告诉

Zhèr de yángròu hěn hǎochī,　dànshì yě hěn
例如：这儿 的 羊肉 很 好吃，但是 也 很 （ E ）。

Zuótiān wǒ mǎi le yì　　　　　zhuōzi.
41.　昨天 我 买 了 一 （　　　）桌子。

Zhè jiàn shì wǒ dōu bù zhīdào,　shéi　　　　　nǐ de ne?
42.　这 件 事 我 都 不 知道，谁 （　　　）你 的 呢？

Wǒ lái　　　　　yíxià,　wǒ shì xīn lái de Hànyǔ lǎoshī.
43.　我 来 （　　　）一下，我 是 新 来 的 汉语 老师。

Jīntiān shì yīntiān,　　　　　huì xià yǔ.
44.　今天 是 阴天，（　　　）会 下 雨。

Běijīng dào Shànghǎi duōcháng shíjiān?
45.　女：（　　　）北京 到 上海 多长 时间？

Wǔ ge xiǎoshí.
男：五 个 小时。

第三部分

第 46-50 题

Xiànzài shì diǎn fēn, tāmen yǐjīng yóu le fēnzhōng le.
例如: 现在 是 11 点 30 分, 他们 已经 游 了 20 分钟 了。

   Tāmen diǎn fēn kāishǐ yóuyǒng.
★ 他们 11 点 10 分 开始 游泳。   (✓)

   Wǒ huì tiàowǔ, dàn tiào de bú tài hǎo.
我 会 跳舞, 但 跳 得 不 太 好。

   Tā tiào de fēicháng hǎo.
★ 她 跳 得 非常 好。   (✗)

   Nǚ'ér, wàimiàn hěn lěng, xiàzhe xuě, yào duō chuān jiàn yīfu.
46. 女儿, 外面 很 冷, 下着 雪, 要 多 穿 件 衣服。

   Jīntiān shì qíngtiān.
★ 今天 是 晴天。   (   )

   Zuótiān wǒ xiǎng gēn Xiǎo Lǐ yìqǐ qù tī zúqiú, dànshì tā bú zài jiā, suǒyǐ
47. 昨天 我 想 跟 小 李 一起 去 踢 足球, 但是 他 不 在 家, 所以
wǒ yí ge rén qù tī zúqiú le.
我 一 个 人 去 踢 足球 了。

   Zuótiān wǒ hé Xiǎo Lǐ yìqǐ qù tī zúqiú le.
★ 昨天 我 和 小 李 一起 去 踢 足球 了。   (   )

   Yīnwèi wǒ bù xǐhuan hēisè, xǐhuan hóngsè, suǒyǐ guò shēngrì de shíhou
48. 因为 我 不 喜欢 黑色, 喜欢 红色, 所以 过 生日 的 时候
péngyoumen dōu gěi wǒ hóngsè de dōngxi.
朋友们 都 给 我 红色 的 东西。

   Péngyoumen dōu xǐhuan hóngsè.
★ 朋友们 都 喜欢 红色。   (   )

38

49.
Zhège xīngqītiān nǐ yǒu shíjiān ma? Wǒ xiǎng qù gōngyuán pǎobù, hé wǒ
这个 星期天 你 有 时间 吗? 我 想 去 公园 跑步,和 我
yìqǐ qù, hǎo bu hǎo?
一起 去,好 不 好?

Tā xiǎng qù gōngyuán pǎobù.
★ 他 想 去 公园 跑步。 ( )

50.
Suīrán wǒ rènshi tā yǐjīng shí jǐ nián le, dànshì wǒ hái bù zhīdào tā zhù
虽然 我 认识 他 已经 十 几 年 了,但是 我 还 不 知道 他 住
zài nǎr、 jiào shénme míngzi.
在 哪儿、叫 什么 名字。

Tāmen shì hǎo péngyou.
★ 他们 是 好 朋友。 ( )

第四部分

第 51-55 题

A
Wǒ lái jièshào yíxià, zhè shì wǒ qīzi.
我 来 介绍 一下，这 是 我 妻子。

B
Tā Hànyǔ shuō de fēicháng hǎo.
他 汉语 说 得 非常 好。

C
Nǐ érzi cóng shénme shíhou kāishǐ shàngbān?
你 儿子 从 什么时候 开始 上班?

D
Zuótiān gōngsī de shìqing tài duō le, zài shuì wǔ fēnzhōng.
昨天 公司 的 事情 太 多 了，再 睡 五 分钟。

E
Tā zài nǎr ne? Nǐ kànjiàn tā le ma?
他 在 哪儿 呢? 你 看见 他 了 吗?

F
Zhè shì wǒ bàba sònggěi wǒ de.
这 是 我 爸爸 送给 我 的。

例如：
Tā hái zài jiàoshì lǐ xuéxí.
他 还 在 教室 里 学习。 | E |

51.
Nǐ hǎo, rènshi nǐ hěn gāoxìng.
你 好，认识 你 很 高兴。 | |

52.
Nǐ bù zhīdào ma? Tā zhàngfu shì Zhōngguórén.
你 不 知道 吗? 她 丈夫 是 中国人。 | |

53.
Zhè shì nǐ xīn mǎi de shǒujī ma?
这 是 你 新 买 的 手机 吗? | |

54.
Yǐjīng shí diǎn le, kuài qǐchuáng.
已经 十 点 了，快 起床。 | |

55.
Tā cóng qùnián kāishǐ gōngzuò le.
他 从 去年 开始 工作 了。 | |

第 56-60 题

A

Nǐ shénme shíhou yào huíguó?
你　什么时候　要　回国？

B

Duìbuqǐ,　zhǐyǒu kāfēi hé niúnǎi.
对不起，只有　咖啡和　牛奶。

C

Nǐ kàn,　tā zuò zài zìxíngchē xiàmiàn.
你看，它坐在　自行车　下面。

D

Méi guānxi,　wǒ yě bù zhīdào jīntiān tiānqì bù hǎo.
没　关系，我也不　知道　今天　天气不好。

E

Xiǎo Hóng pángbiān de nàge rén shì shéi?
小　红　旁边　的那个人是谁？

56.

Duìbuqǐ,　wǒ méi xiǎngdào jīntiān xià dàyǔ.
对不起，我没　想到　今天下大雨。

☐

57.

yuè　hào de fēijī,　xīwàng wǒmen xiàcì zàijiàn.
3月 5号 的飞机, 希望　我们 下次 再见。

☐

58.

Tā shì wǒ nǚ'ér de tóngxué,　tā chàng de fēicháng hǎotīng.
她是我女儿的　同学, 她　唱　得　非常　好听。

☐

59.

Fúwùyuán,　gěi wǒ yì bēi guǒzhī.
服务员，给我一杯　果汁。

☐

60.

Nǐ kànjiàn wǒ jiā de xiǎomāo le ma?
你　看见　我家的　小猫　了吗？

☐

新HSK 2급
실전 모의고사
3회

新汉语水平考试
HSK（二级）
模拟试题（三）

注　意

一、HSK（二级）分两部分：

　　1. 听力（35 题，约 25 分钟）

　　2. 阅读（25 题，22 分钟）

二、听力结束后，有 3 分钟填写答题卡。

三、全部考试约 55 分钟（含考生填写个人信息时间 5 分钟）。

一、听 力

第一部分

第 1-10 题

例如：		✓
		✗
1.		
2.		
3.		
4.		

5.		
6.		
7.		
8.		
9.		
10.		

第二部分

第 11-15 题

A

B

C

D

E

F

例如： 男： Nǐ xǐhuan shénme yùndòng?
你 喜欢 什么 运动？

女： Wǒ zuì xǐhuan tī zúqiú.
我 最 喜欢 踢 足球。

| D |

11. ☐

12. ☐

13. ☐

14. ☐

15. ☐

第 16-20 题

A

B

C

D

E

16. ☐

17. ☐

18. ☐

19. ☐

20. ☐

第三部分

第 21-30 题

Xiǎo Wáng,　zhèlǐ yǒu jǐ ge bēizi,　nǎge shì nǐ de?
例如： 男： 小　王，　这里　有　几个　杯子，　哪个　是　你　的？

Zuǒbian nàge hóngsè de shì wǒ de.
女： 左边　那个　红色　的　是　我　的。

Xiǎo Wáng de bēizi shì shénme yánsè de?
问： 小　王　的　杯子　是　什么　颜色　的？

	hóngsè		hēisè		báisè
A	红色 ✓	B	黑色	C	白色

		bù hǎochī		búcuò		fēicháng hǎochī
21.	A	不　好吃	B	不错	C	非常　好吃

		huí jiā		zhǎo dōngxi		mǎi shǒujī
22.	A	回　家	B	找　东西	C	买　手机

		xǐhuan péngyou		xǐhuan xué Hànyǔ		xǐhuan wánr
23.	A	喜欢　朋友	B	喜欢　学　汉语	C	喜欢　玩儿

		yuán		yuán		yuán
24.	A	300元	B	600元	C	900元

		jiā lǐ		xuéxiào lǐ		fàndiàn lǐ
25.	A	家里	B	学校　里	C	饭店　里

		xià yǔ		xià xuě		qíngtiān
26.	A	下　雨	B	下　雪	C	晴天

		niúnǎi		rè shuǐ		kāfēi
27.	A	牛奶	B	热　水	C	咖啡

28. A 很忙 `hěn máng`   B 睡得不好 `shuì de bù hǎo`   C 玩儿 电脑 `wánr diànnǎo`

29. A 找 工作 `zhǎo gōngzuò`   B 找 手表 `zhǎo shǒubiǎo`   C 找 房子 `zhǎo fángzi`

30. A 生病 `shēngbìng`   B 不 喜欢 吃 `bù xǐhuan chī`   C 喜欢 去 医院 `xǐhuan qù yīyuàn`

第四部分

第 31-35 题

例如：

Qǐng zài zhèr xiě nín de míngzi.
女：请 在 这儿 写 您 的 名字。

Shì zhèr ma?
男：是 这儿 吗？

Bú shì, shì zhèr.
女：不 是，是 这儿。

Hǎo, xièxie.
男：好，谢谢。

Nán de yào xiě shénme?
问：男 的 要 写 什么？

míngzi	shíjiān	fángjiān hào
A 名字 ✓	B 时间	C 房间 号

31.

yí kuài qián	sān kuài qián	liù kuài qián
A 一 块 钱	B 三 块 钱	C 六 块 钱

32.

zhǔnbèi kǎoshì	shuìjiào	wánr diànnǎo
A 准备 考试	B 睡觉	C 玩儿 电脑

33.

zuò huǒchē	zuò chūzūchē	zuò fēijī
A 坐 火车	B 坐 出租车	C 坐 飞机

34.

yuè hào	yuè hào	yuè hào
A 3月4日	B 3月5日	C 3月6日

35.

tóngxué	bù zhīdào	tóngshì
A 同学	B 不 知道	C 同事

二、阅 读

第一部分

第 36-40 题

A

B

C

D

E

F

Měi ge xīngqīliù, wǒ dōu qù dǎ lánqiú.
例如： 每 个 星期六， 我 都 去 打 篮球。 　 D

Zhè shì wǒ péngyou de shǒujī.
36.　这 是 我 朋友 的 手机。

Nǐ kànguo zhè běn shū ma?
37.　你 看过 这 本 书 吗？

Měitiān huí jiā hòu yào xǐ shǒu, hǎo ma?
38.　每天 回家 后 要 洗 手， 好 吗？

Dìdi měitiān dōu hěn kuàilè.
39.　弟弟 每天 都 很 快乐。

Wǒ hěn xǐhuan chūqù pǎobù.
40.　我 很 喜欢 出去 跑步。

第二部分

第 41-45 题

	ràng		jīdàn		yìqǐ		bǐ		guì		pángbiān
A	让	B	鸡蛋	C	一起	D	比	E	贵	F	旁边

例如：
Zhèr de yángròu hěn hǎochī,　dànshì yě hěn
这儿 的 羊肉 很 好吃，　但是 也 很 （ E ）。

41.
Wǒ zhàngfu　　　　　wǒ gāo hěn duō.
我 丈夫 （　　　）我 高 很 多。

42.
Zuótiān xuéxiào　　　　　xīn kāi le yì jiā shāngdiàn.
昨天 学校 （　　　）新 开 了 一 家 商店。

43.
Jīntiān tiānqì hěn rè,　qīzi　　　　　wǒ mǎi yìxiē cài huílái chī.
今天 天气 很 热，妻子 （　　　）我 买 一些 菜 回来 吃。

44.
Wǒ de zǎofàn shì yì bēi niúnǎi hé liǎng ge
我 的 早饭 是 一 杯 牛奶 和 两 个 （　　　　）。

45.
Míngtiān wǒmen　　　　　qù kàn diànyǐng,　zěnmeyàng?
男： 明天 我们 （　　　）去 看 电影，　怎么样？

Fēicháng hǎo.
女： 非常 好。

第三部分

第 46-50 题

例如：
Xiànzài shì diǎn fēn, tāmen yǐjīng yóu le fēnzhōng le.
现在 是 11 点 30 分，他们 已经 游 了 20 分钟 了。

Tāmen diǎn fēn kāishǐ yóuyǒng.
★ 他们 11 点 10 分 开始 游泳。 　　　　　　(✓)

Wǒ huì tiàowǔ, dàn tiào de bú tài hǎo.
我 会 跳舞，但 跳 得 不 太 好。

Tā tiào de fēicháng hǎo.
★ 她 跳 得 非常 好。 　　　　　　　　　　(✗)

46. Yǒuxiē rén měitiān wánr diànnǎo de shíjiān hěn cháng, zhèyàng zuò, duì
有些 人 每天 玩儿 电脑 的 时间 很 长， 这样 做，对
yǎnjing fēicháng bù hǎo.
眼睛 非常 不 好。

Cháng shíjiān wánr diànnǎo duì yǎnjing bù hǎo.
★ 长 时间 玩儿 电脑 对 眼睛 不 好。 　　　　(　)

47. Jīntiān gēge xiǎng qù kàn diànyǐng, dànshì yào zhǔnbèi míngtiān de Hànyǔ
今天 哥哥 想 去 看 电影，但是 要 准备 明天 的 汉语
kǎoshì, suǒyǐ zài jiā xué Hànyǔ.
考试，所以 在 家 学 汉语。

Jīntiān gēge zhǔnbèi míngtiān de kǎoshì.
★ 今天 哥哥 准备 明天 的 考试。 　　　　　　(　)

48. Duìbuqǐ, nín de fēijī yǐjīng qǐfēi le, nín jīntiān bù néng qù Běijīng, míngtiān
对不起，您 的 飞机 已经 起飞 了，您 今天 不 能 去 北京， 明天
zài lái kànkan.
再 来 看看。

Tā jīntiān kěyǐ qù Běijīng.
★ 他 今天 可以 去 北京。 　　　　　　　　　(　)

49.
Yīshēng shuō,　wǒ de bìng wèntí bú dà,　chī diǎnr yào,　hǎohǎo xiūxi jiù
　　医生　说，我 的 病 问题 不 大，吃 点儿 药，好好 休息 就
hǎo le.
好 了。

Wǒ shēngbìng le.
★ 我　生病　了。　　　　　　　　　　　　　　　（　　　）

50.
Wǒ lái Zhōngguó yǐjīng shí nián le,　wǒ Hànyǔ shuō de hái hǎo,　wǒ xiǎng
　　我 来 中国　已经 十 年 了，我 汉语　说　得 还 好，我　想
zài Zhōngguó zhǎo gōngzuò.
在　中国　找　工作。

Wǒ xīwàng zài Zhōngguó zhǎo gōngzuò.
★ 我 希望 在　中国　找　工作。　　　　　　　　（　　　）

第四部分

第 51-55 题

A
Suīrán zhè jiā de cài dōu hěn hǎochī.
虽然 这家 的 菜 都 很 好吃。

B
Zhè fàndiàn de yángròu búcuò, yě hěn piányi.
这 饭店 的 羊肉 不错，也 很 便宜。

C
Nǐ wèi shénme lái de zhème wǎn?
你 为 什么 来 得 这么 晚？

D
Zhè xīguā zěnme mài?
这 西瓜 怎么 卖？

E
Tā zài nǎr ne? Nǐ kànjiàn tā le ma?
他 在 哪儿 呢？ 你 看见 他 了 吗？

F
Duìbuqǐ, wǒ yě dì-yī cì lái zhèr.
对不起，我 也 第一 次 来 这儿。

例如：
Tā hái zài jiàoshì lǐ xuéxí.
他 还 在 教室 里 学习。
  <u>E</u>

51.
Jīntiān de shuǐguǒ dōu hěn búcuò, yì jīn liǎng kuài.
今天 的 水果 都 很 不错，一 斤 两 块。

52.
Wèi shénme wǒ juéde bù hǎochī.
为 什么 我 觉得 不 好吃。

53.
Huí jiā de shíhou qù shāngdiàn mǎi le yìxiē cài.
回 家 的 时候 去 商店 买 了 一些 菜。

54.
Dànshì tài guì.
但是 太 贵。

55.
Qǐngwèn, wǒ xiǎng qù Běijīng yīyuàn, zěnme zǒu?
请问，我 想 去 北京 医院，怎么 走？

58

第 56-60 题

Zǎoshang yǐjīng chī le mǐfàn, wǒmen chī miàntiáo ba.
A   早上 已经 吃了米饭， 我们 吃 面条 吧。

Xiànzài de lí gōngsī tài yuǎn.
B   现在 的离 公司 太 远。

Kuài diǎnr, diànyǐng kuàiyào kāishǐ le.
C   快 点儿， 电影 快要 开始 了。

Wǒ jiā pángbiān xīn kāi le yì jiā kāfēidiàn.
D   我 家 旁边 新 开了一家 咖啡店。

Duìbuqǐ, wǒ māma shēngbìng le, yào qù yīyuàn kànkan tā.
E   对不起， 我 妈妈 生病 了，要 去 医院 看看 她。

Hái yǒu shí fēnzhōng, wǒmen mǎi yìxiē chī de ba.
56.   还 有 十 分钟， 我们 买 一些 吃 的 吧。

Wǒ yǐjīng qùguo le.
57.   我 已经 去过 了。

Míngtiān wǒmen yìqǐ qù dǎ lánqiú, zěnmeyàng?
58.   明天 我们 一起 去 打 篮球， 怎么样？

Nǐ xiǎng chī shénme?
59.   你 想 吃 什么？

Nǐ wèi shénme zhǎo xīn fángzi?
60.   你 为 什么 找 新 房子？

新HSK 2급
실전 모의고사
정답 및 듣기 대본

新HSK 2급 실전 모의고사 **정답**

1회

1) 듣기

제1부분

1. ✓   2. ✓   3. ✗   4. ✓   5. ✗

6. ✓   7. ✗   8. ✗   9. ✗   10. ✗

제2부분

11. A   12. C   13. F   14. B   15. E

16. A   17. C   18. D   19. E   20. B

제3부분

21. C   22. B   23. A   24. A   25. C

26. B   27. C   28. A   29. B   30. A

제4부분

31. B   32. C   33. A   34. A   35. C

2) 독해

제1부분

36. A   37. C   38. F   39. B   40. E

제2부분

41. C   42. F   43. B   44. A   45. D

제3부분

46. ✗   47. ✓   48. ✗   49. ✗   50. ✓

제4부분

51. A   52. D   53. C   54. B   55. F

56. B   57. E   58. A   59. C   60. D

2회

1) 듣기

제1부분

1. ✗   2. ✓   3. ✗   4. ✓   5. ✗

6. ✓   7. ✗   8. ✗   9. ✗   10. ✓

제2부분

11. A   12. E   13. B   14. F   15. C

16. B   17. A   18. D   19. E   20. C

제3부분

21. B   22. C   23. A   24. B   25. C

26. A   27. B   28. C   29. B   30. A

제4부분

31. B   32. A   33. C   34. B   35. A

2) 독해

제1부분

36. C   37. A   38. F   39. E   40. B

제2부분

41. B   42. F   43. C   44. D   45. A

제3부분

46. ✗   47. ✗   48. ✗   49. ✓   50. ✗

제4부분

51. A   52. B   53. F   54. D   55. C

56. D   57. A   58. E   59. B   60. C

3회

1) 듣기

1. ✓	2. ✗	3. ✗	4. ✓	5. ✓
6. ✓	7. ✗	8. ✓	9. ✓	10. ✓

제2부분

11. E	12. A	13. F	14. B	15. C
16. B	17. E	18. A	19. C	20. D

제3부분

21. A	22. B	23. B	24. C	25. A
26. B	27. C	28. B	29. C	30. A

제4부분

31. B	32. C	33. C	34. A	35. C

2) 독해

제1부분

36. C	37. A	38. F	39. E	40. B

제2부분

41. D	42. F	43. A	44. B	45. C

제3부분

46. ✓	47. ✓	48. ✗	49. ✓	50. ✓

제4부분

51. D	52. B	53. C	54. A	55. F
56. C	57. D	58. E	59. A	60. B

新HSK 2급 실전 모의고사 **듣기 대본**

1회 듣기 대본

제1부분

예 我们家有三个人。
Wǒmen jiā yǒu sān ge rén.

예 我每天坐公共汽车去上班。
Wǒ měitiān zuò gōnggòng qìchē qù shàngbān.

1. 外边很冷，出门的时候多穿件衣服。
Wàibian hěn lěng, chūmén de shíhou duō chuān jiàn yīfu.

2. 你好。认识你很高兴。
Nǐ hǎo. Rènshi nǐ hěn gāoxìng.

3. 他正在准备明天的考试呢。
Tā zhèngzài zhǔnbèi míngtiān de kǎoshì ne.

4. 今天是五月二十八号。
Jīntiān shì wǔ yuè èrshíbā hào.

5. 每天早上我吃一个苹果。
Měitiān zǎoshang wǒ chī yí ge píngguǒ.

6. 今天可能会下雨。
Jīntiān kěnéng huì xià yǔ.

7. 你看，这只小猫在看什么呢？
Nǐ kàn, zhè zhī xiǎomāo zài kàn shénme ne?

8. 今天非常冷。
Jīntiān fēicháng lěng.

9. 这块手表是我妈妈送给我的。
Zhè kuài shǒubiǎo shì wǒ māma sònggěi wǒ de.

10. 每天喝一杯牛奶对身体好。
Měitiān hē yì bēi niúnǎi duì shēntǐ hǎo.

제2부분

11. 男：小狗怎么不吃东西？
Xiǎogǒu zěnme bù chī dōngxi?
女：可能生病了。
Kěnéng shēngbìng le.

12. 女：你觉得这件怎么样？
Nǐ juéde zhè jiàn zěnmeyàng?
男：我觉得红色的那件好看。
Wǒ juéde hóngsè de nà jiàn hǎokàn.

13. 男：这西瓜多少钱？
Zhè xīguā duōshao qián?
女：一块钱一斤。
Yí kuài qián yì jīn.

14. 女：前边向右走吧。
Qiánbian xiàng yòu zǒu ba.
男：好的。
Hǎo de.

15. 男：你慢点儿吃，还多着呢。
Nǐ màn diǎnr chī, hái duōzhe ne.
女：一天没吃东西，太饿了。
Yì tiān méi chī dōngxi, tài è le.

16. 女：送给你，生日快乐！
Sònggěi nǐ, shēngrì kuàilè!
男：谢谢。这是什么？
Xièxie. Zhè shì shénme?

17. 男：你在看什么？
Nǐ zài kàn shénme?
女：你看过这本书吗？很有意思。
Nǐ kànguo zhè běn shū ma? Hěn yǒu yìsi.

18. 女：您好，您要什么？
Nín hǎo, nín yào shénme?
男：我要一杯咖啡。
Wǒ yào yì bēi kāfēi.

19. 男：喂，小王在家吗？
Wéi, Xiǎo Wáng zài jiā ma?
女：他现在不在家，出去了。
Tā xiànzài bú zài jiā, chūqù le.

20. 女：你眼睛怎么了？
Nǐ yǎnjing zěnme le?
男：最近工作很忙，有点儿累。
Zuìjìn gōngzuò hěn máng, yǒudiǎnr lèi.

21. 男：你去过北京吗？

　　　Nǐ qùguo Běijīng ma?

　　女：还没去过，下星期我要去北京。

　　　Hái méi qùguo, xià xīngqī wǒ yào qù Běijīng.

　　问：女的什么时候要去北京？

　　　Nǔ de shénme shíhou yào qù Běijīng?

22. 女：电影马上要开始了，你妻子怎么还没到？

　　　Diànyǐng mǎshàng yào kāishǐ le, nǐ qīzi zěnme hái méi dào?

　　男：是吗？我给她打电话问问。

　　　Shì ma? Wǒ gěi tā dǎ diànhuà wènwen.

　　问：男的要给谁打电话？

　　　Nán de yào gěi shéi dǎ diànhuà?

23. 男：你喜欢吃鱼吗？

　　　Nǐ xǐhuan chī yú ma?

　　女：我不喜欢吃鱼，我最喜欢吃羊肉。

　　　Wǒ bù xǐhuan chī yú, wǒ zuì xǐhuan chī yángròu.

　　问：女的喜欢吃什么？

　　　Nǔ de xǐhuan chī shénme?

24. 女：你最近过得怎么样？

　　　Nǐ zuìjìn guò de zěnmeyàng?

　　男：最近学校的事情太多，很累。

　　　Zuìjìn xuéxiào de shìqing tài duō, hěn lèi.

　　问：男的做什么工作？

　　　Nán de zuò shénme gōngzuò?

25. 男：这是你新买的手机吗？

　　　Zhè shì nǐ xīn mǎi de shǒujī ma?

　　女：是，这是我哥哥送给我的。

　　　Shì, zhè shì wǒ gēge sònggěi wǒ de.

　　问：那个手机是谁送给女的的？

　　　Nàge shǒujī shì shéi sònggěi nǔ de de?

26. 男：今天你怎么回来这么早？

　　　Jīntiān nǐ zěnme huílái zhème zǎo?

　　女：天气很好，公司也没什么事，所以早点儿回家。

　　　Tiānqì hěn hǎo, gōngsī yě méi shénme shì, suǒyǐ zǎo diǎnr huí jiā.

　　问：女的为什么早点儿回家？

　　　Nǔ de wèi shénme zǎo diǎnr huí jiā?

27. 女：你什么时候回家？

　　　Nǐ shénme shíhou huí jiā?

　　男：我还在工作呢。可能八点后可以回家。

　　　Wǒ hái zài gōngzuò ne. Kěnéng bā diǎn hòu kěyǐ huí jiā.

　　问：男的现在在哪儿？

　　　Nán de xiànzài zài nǎr?

28. 男：你看，这些手机都是新的，你喜欢哪一个？

　　　Nǐ kàn, zhè xiē shǒujī dōu shì xīn de, nǐ xǐhuan nǎ yí ge?

　　女：我都喜欢。

　　　Wǒ dōu xǐhuan.

　　问：他们在看什么？

　　　Tāmen zài kàn shénme?

29. 女：你明天不是要考试吗？还玩电脑？

　　　Nǐ míngtiān bú shì yào kǎoshì ma? Hái wán diànnǎo?

　　男：没问题，我已经准备好了。

　　　Méi wèntí, wǒ yǐjīng zhǔnbèi hǎo le.

　　问：男的现在做什么？

　　　Nán de xiànzài zuò shénme?

30. 男：今天我想吃你做的鱼。

　　　Jīntiān wǒ xiǎng chī nǐ zuò de yú.

　　女：天太热，我不想做饭。

　　　Tiān tài rè, wǒ bù xiǎng zuò fàn.

　　问：男的让女的做什么？

　　　Nán de ràng nǔ de zuò shénme?

31. 男：你在做什么？
　　　Nǐ zài zuò shénme?

　　女：我在家看电视，怎么了？
　　　Wǒ zài jiā kàn diànshì, zěnme le?

　　男：天晴了，我们一起去公园跑步吧。
　　　Tiān qíng le, wǒmen yìqǐ qù gōngyuán pǎobù ba.

　　女：真的？你等一下。
　　　Zhēn de? Nǐ děng yíxià.

　　问：今天天气怎么样？
　　　Jīntiān tiānqì zěnmeyàng?

32. 女：你好，我要去北京医院，多长时间能到？
　　　Nǐ hǎo, wǒ yào qù Běijīng yīyuàn, duōcháng shíjiān néng dào?

　　男：现在是下班时间，路上车很多。可能要三十分钟。
　　　Xiànzài shì xiàbān shíjiān, lùshang chē hěn duō. Kěnéng yào sānshí fēnzhōng.

　　女：我知道了，快点儿，好吗？
　　　Wǒ zhīdào le, kuài diǎnr, hǎo ma?

　　男：没问题。
　　　Méi wèntí.

　　问：他们可能在哪儿？
　　　Tāmen kěnéng zài nǎr?

33. 男：都十点了，你今天不上班吗？
　　　Dōu shí diǎn le, nǐ jīntiān bú shàngbān ma?

　　女：让我再睡五分钟，好吗？
　　　Ràng wǒ zài shuì wǔ fēnzhōng, hǎo ma?

　　男：快起床吧。
　　　Kuài qǐchuáng ba.

　　女：好好。我知道了。
　　　Hǎo hǎo. Wǒ zhīdào le.

　　问：男的想让女的做什么？
　　　Nán de xiǎng ràng nǚ de zuò shénme?

34. 女：明天你也去商店买东西吗？
　　　Míngtiān nǐ yě qù shāngdiàn mǎi dōngxi ma?

　　男：明天我有考试，我不能去。
　　　Míngtiān wǒ yǒu kǎoshì, wǒ bù néng qù.

　　女：那星期天你可以去吗？
　　　Nà xīngqītiān nǐ kěyǐ qù ma?

　　男：可以。星期天见。
　　　Kěyǐ. Xīngqītiān jiàn.

　　问：男的为什么明天不想去？
　　　Nán de wèi shénme míngtiān bù xiǎng qù?

35. 男：下星期我要去旅游。
　　　Xià xīngqī wǒ yào qù lǚyóu.

　　女：你要去哪儿？
　　　Nǐ yào qù nǎr?

　　男：我还没想好，你觉得去哪儿旅游好？我听你的。
　　　Wǒ hái méi xiǎnghǎo, nǐ juéde qù nǎr lǚyóu hǎo? Wǒ tīng nǐ de.

　　女：我觉得上海好看。
　　　Wǒ juéde Shànghǎi hǎokàn.

　　问：男的最可能去哪儿？
　　　Nán de zuì kěnéng qù nǎr?

2회 듣기 대본

제1부분

예 我们家有三个人。
Wǒmen jiā yǒu sān ge rén.

예 我每天坐公共汽车去上班。
Wǒ měitiān zuò gōnggòng qìchē qù
shàngbān.

1. 他生病了，医生让他多休息。
Tā shēngbìng le, yīshēng ràng tā duō xiūxi.

2. 老师，我会，我来回答。
Lǎoshī, wǒ huì, wǒ lái huídá.

3. 她跳舞跳得真不错。
Tā tiàowǔ tiào de zhēn búcuò.

4. 吃饭前要洗一下手。
Chīfàn qián yào xǐ yíxià shǒu.

5. 弟弟在房间里睡觉呢。
Dìdi zài fángjiān lǐ shuìjiào ne.

6. 这是我姐姐的新电脑。
Zhè shì wǒ jiějie de xīn diànnǎo.

7. 这件衣服非常漂亮。
Zhè jiàn yīfu fēicháng piàoliang.

8. 今年的西瓜很不错。
Jīnnián de xīguā hěn búcuò.

9. 现在开始上课。
Xiànzài kāishǐ shàngkè.

10. 我想送丈夫一块手表。
Wǒ xiǎng sòng zhàngfu yí kuài shǒubiǎo.

제2부분

11. 女：你去哪儿？我送你吧。
Nǐ qù nǎr? Wǒ sòng nǐ ba.

男：不用。这儿离我家很近。
Bú yòng. Zhèr lí wǒ jiā hěn jìn.

12. 男：明年我们一起去上海旅游怎么样？
Míngnián wǒmen yìqǐ qù Shànghǎi
lǚyóu zěnmeyàng?

女：太好了，我很想去上海。
Tài hǎo le, wǒ hěn xiǎng qù Shànghǎi.

13. 男：你好好休息吧。明天我再来看你。
Nǐ hǎohǎo xiūxi ba. Míngtiān wǒ zài lái
kàn nǐ.

女：谢谢。我已经好多了。
Xièxie. Wǒ yǐjīng hǎo duō le.

14. 女：服务员，我们的菜怎么还没来？
Fúwùyuán, wǒmen de cài zěnme hái
méi lái?

男：不好意思，我去看看。
Bù hǎoyìsi, wǒ qù kànkan.

15. 男：你怎么了？
Nǐ zěnme le?

女：昨天睡得很晚。
Zuótiān shuì de hěn wǎn.

16. 女：你会做鱼吗？
Nǐ huì zuò yú ma?

男：我不会做，但是我爸爸会做鱼。
Wǒ bú huì zuò, dànshì wǒ bàba huì
zuò yú.

17. 男：今天你买了什么？
Jīntiān nǐ mǎi le shénme?

女：我买了一些水果。
Wǒ mǎi le yìxiē shuǐguǒ.

18. 女：你在想什么？
Nǐ zài xiǎng shénme?

男：我在想公司的事情。
Wǒ zài xiǎng gōngsī de shìqing.

19. 男：欢迎您下次再来。
Huānyíng nín xiàcì zài lái.

女：好。再见。
Hǎo. Zàijiàn.

20. 男："一、二、三"，大家笑一笑。
"Yī、èr、sān", dàjiā xiào yi xiào.

女：好的。
Hǎo de.

21. 男：你为什么来得这么晚？
　　Nǐ wèi shénme lái de zhème wǎn?

　　女：外面下大雨，路上车很多。
　　Wàimiàn xià dà yǔ, lùshang chē hěn duō.

　　问：今天天气怎么样？
　　Jīntiān tiānqì zěnmeyàng?

22. 女：已经五点了，他怎么还没到？电影快要开始了。
　　Yǐjīng wǔ diǎn le, tā zěnme hái méi dào? Diànyǐng kuàiyào kāishǐ le.

　　男：还有三十分钟，我给他打电话。
　　Hái yǒu sānshí fēnzhōng, wǒ gěi tā dǎ diànhuà.

　　问：电影几点开始？
　　Diànyǐng jǐ diǎn kāishǐ?

23. 女：你什么时候来？大家都在等你。
　　Nǐ shénme shíhou lái? Dàjiā dōu zài děng nǐ.

　　男：对不起，今天我身体不好。不能去了。
　　Duìbuqǐ, jīntiān wǒ shēntǐ bù hǎo. Bù néng qù le.

　　问：男的为什么还没来？
　　Nán de wèi shénme hái méi lái?

24. 男：你为什么不吃水果？
　　Nǐ wèi shénme bù chī shuǐguǒ?

　　女：这些水果都不好吃，我不想吃。
　　Zhèxiē shuǐguǒ dōu bù hǎochī, wǒ bù xiǎng chī.

　　问：女的觉得今天水果怎么样？
　　Nǚ de juéde jīntiān shuǐguǒ zěnmeyàng?

25. 男：我想买牛奶和鸡蛋，你也想去吗？
　　Wǒ xiǎng mǎi niúnǎi hé jīdàn, nǐ yě xiǎng qù ma?

　　女：想去，我也想买一些水果。
　　Xiǎng qù, wǒ yě xiǎng mǎi yìxiē shuǐguǒ.

　　问：女的想买什么？
　　Nǚ de xiǎng mǎi shénme?

26. 男：你在找什么？
　　Nǐ zài zhǎo shénme?

　　女：我在找老师的手机，你看到手机了吗？
　　Wǒ zài zhǎo lǎoshī de shǒujī, nǐ kàndào shǒujī le ma?

　　问：手机是谁的？
　　Shǒujī shì shéi de?

27. 男：今天天气不好，公共汽车也不好等。
　　Jīntiān tiānqì bù hǎo, gōnggòng qìchē yě bù hǎo děng.

　　女：我们坐出租车去怎么样？
　　Wǒmen zuò chūzūchē qù zěnmeyàng?

　　问：女的是什么意思？
　　Nǚ de shì shénme yìsi?

28. 女：你女儿去哪儿了？怎么不见她？
　　Nǐ nǚ'er qù nǎr le? Zěnme bú jiàn tā?

　　男：她跟同学一起去中国旅游了。
　　Tā gēn tóngxué yìqǐ qù Zhōngguó lǚyóu le.

　　问：男的的女儿怎么了？
　　Nán de de nǚ'er zěnme le?

29. 男：这块西瓜是十块钱的，不是五块钱。
　　Zhè kuài xīguā shì shí kuài qián de, bú shì wǔ kuài qián.

　　女：今年西瓜真贵。
　　Jīnnián xīguā zhēn guì.

　　问：西瓜是多少钱？
　　Xīguā shì duōshao qián?

30. 女：我觉得北京比上海好看，你去看看。
　　Wǒ juéde Běijīng bǐ Shànghǎi hǎokàn, nǐ qù kànkan.

　　男：那我听你的。
　　Nà wǒ tīng nǐ de.

　　问：男的可能要去哪儿？
　　Nán de kěnéng yào qù nǎr?

31. 女：你怎么了？
　　　Nǐ zěnme le?

　　男：我生病了，什么都不想吃。
　　　Wǒ shēngbìng le, shénme dōu bù xiǎng chī.

　　女：你去医院了吗？
　　　Nǐ qù yīyuàn le ma?

　　男：还没去，下课以后要去。
　　　Hái méi qù, xiàkè yǐhòu yào qù.

　　问：男的为什么不想吃饭？
　　　Nán de wèi shénme bù xiǎng chīfàn?

32. 男：你女儿找工作了吗？
　　　Nǐ nǚ'er zhǎo gōngzuò le ma?

　　女：已经找到了。
　　　Yǐjīng zhǎodào le.

　　男：在哪儿工作？
　　　Zài nǎr gōngzuò?

　　女：她在医院工作。
　　　Tā zài yīyuàn gōngzuò.

　　问：女的的女儿做什么的？
　　　Nǚ de de nǚ'er zuò shénme de?

33. 女：今天去北京的飞机已经起飞了。
　　　Jīntiān qù Běijīng de fēijī yǐjīng qǐfēi le.

　　男：那有明天的吗？
　　　Nà yǒu míngtiān de ma?

　　女：没有了，有星期三的，您要吗？
　　　Méi yǒu le, yǒu xīngqīsān de, nín yào ma?

　　男：给我一张。
　　　Gěi wǒ yì zhāng.

　　问：男的可能什么时候去北京？
　　　Nán de kěnéng shénme shíhou qù Běijīng?

34. 男：你好，你要找谁？
　　　Nǐ hǎo, nǐ yào zhǎo shéi?

　　女：请问，王老师在这儿吗？
　　　Qǐngwèn, Wáng lǎoshī zài zhèr ma?

　　男：他不在这儿，他现在在张老师的家。
　　　Tā bú zài zhèr, tā xiànzài zài Zhāng lǎoshī de jiā.

　　女：那我给他打电话。
　　　Nà wǒ gěi tā dǎ diànhuà.

　　问：女的要找谁？
　　　Nǚ de yào zhǎo shéi?

35. 女：你为什么不穿那件衣服？
　　　Nǐ wèi shénme bù chuān nà jiàn yīfu?

　　男：什么衣服？黑色的还是白色的？
　　　Shénme yīfu? Hēisè de háishi báisè de?

　　女：就是那件红色的。
　　　Jiù shì nà jiàn hóngsè de.

　　男：我不喜欢红色。
　　　Wǒ bù xǐhuan hóngsè.

　　问：男的为什么不喜欢那件衣服？
　　　Nán de wèi shénme bù xǐhuan nà jiàn yīfu?

3회 듣기 대본

제1부분

예 我们家有三个人。
Wǒmen jiā yǒu sān ge rén.

예 我每天坐公共汽车去上班。
Wǒ měitiān zuò gōnggòng qìchē qù shàngbān.

1. 今天我跟朋友一起去踢足球。
Jīntiān wǒ gēn péngyou yìqǐ qù tī zúqiú.

2. 我坐飞机去北京旅游。
Wǒ zuò fēijī qù Běijīng lǚyóu.

3. 我很喜欢吃苹果。
Wǒ hěn xǐhuan chī píngguǒ.

4. 我女儿每天都很快乐。
Wǒ nǚ'er měitiān dōu hěn kuàilè.

5. 您好，这是您要的咖啡。
Nín hǎo, zhè shì nín yào de kāfēi.

6. 太累了，我想回家睡觉。
Tài lèi le, wǒ xiǎng huí jiā shuìjiào.

7. 昨天我去商店买了一张桌子。
Zuótiān wǒ qù shāngdiàn mǎi le yì zhāng zhuōzi.

8. 我生病了，今天不能回去。
Wǒ shēngbìng le, jīntiān bù néng huíqù.

9. 我坐高铁去上海旅游。
Wǒ zuò gāotiě qù Shànghǎi lǚyóu.

10. 你唱得真好。
Nǐ chàng de zhēn hǎo.

제2부분

11. 女：外边下着雨吗？
　　　Wàibian xiàzhe yǔ ma?
　　男：不下了，我们走吧。
　　　Bú xià le, wǒmen zǒu ba.

12. 女：今天很冷吧。你喝点儿热水吧。
　　　Jīntiān hěn lěng ba. Nǐ hē diǎnr rè shuǐ ba.
　　男：谢谢。
　　　Xièxie.

13. 男：给你介绍一下，这是我同事小王。
　　　Gěi nǐ jièshào yíxià, zhè shì wǒ tóngshì Xiǎo Wáng.
　　女：您好，认识您很高兴。
　　　Nín hǎo, rènshi nín hěn gāoxìng.

14. 女：你的小猫真可爱。
　　　Nǐ de xiǎomāo zhēn kě'ài.
　　男：我家人都很喜欢它。
　　　Wǒ jiārén dōu hěn xǐhuan tā.

15. 男：请问，这儿有人吗？
　　　Qǐngwèn, zhèr yǒu rén ma?
　　女：没有，您可以坐。
　　　Méiyǒu, nín kěyǐ zuò.

16. 女：这些药怎么吃？
　　　Zhèxiē yào zěnme chī?
　　男：吃饭后吃。
　　　Chīfàn hòu chī.

17. 男：你女儿去哪儿？
　　　Nǐ nǚ'er qù nǎr?
　　女：她下午跟朋友一起去游泳。
　　　Tā xiàwǔ gēn péngyou yìqǐ qù yóuyǒng.

18. 女：你几点睡觉？
　　　Nǐ jǐ diǎn shuìjiào?
　　男：我十一点睡觉。
　　　Wǒ shíyī diǎn shuìjiào.

19. 男：你去过那家饭店吗？
　　　Nǐ qùguo nà jiā fàndiàn ma?
　　女：还没去过。
　　　Hái méi qùguo.

20. 女：你妻子做什么工作？
　　　Nǐ qīzi zuò shénme gōngzuò?
　　男：她在医院工作。
　　　Tā zài yīyuàn gōngzuò.

21. 男： 这家的菜很便宜，同事们都很喜欢
吃。
　　Zhè jiā de cài hěn piányi, tóngshìmen
　　dōu hěn xǐhuan chī.

　女： 是吗？为什么我觉得不怎么样？
　　Shì ma? Wèi shénme wǒ juéde bù
　　zěnmeyàng?

　问： 女的觉得这家的菜怎么样？
　　Nǚ de juéde zhè jiā de cài zěnmeyàng?

22. 男： 我的手机在家吗？找不到。
　　Wǒ de shǒujī zài jiā ma? Zhǎobudào.

　女： 不知道，我给你找一找。
　　Bù zhīdào, wǒ gěi nǐ zhǎo yi zhǎo.

　问： 男的让女的做什么？
　　Nán de ràng nǚ de zuò shénme?

23. 男： 你来中国几年了？
　　Nǐ lái Zhōngguó jǐ nián le?

　女： 十年多了，我喜欢在这儿学汉语。
　　Shí nián duō le, wǒ xǐhuan zài zhèr xué
　　Hànyǔ.

　问： 女的是什么意思？
　　Nǚ de shì shénme yìsi?

24. 女： 这个椅子和桌子多少钱？
　　Zhège yǐzi hé zhuōzi duōshao qián?

　男： 椅子是三百块钱，桌子是六百块钱，
一共九百块钱。
　　Yǐzi shì sānbǎi kuài qián, zhuōzi shì
　　liùbǎi kuài qián, yígòng jiǔbǎi kuài qián.

　问： 那个椅子和桌子是多少钱？
　　Nàge yǐzi hé zhuōzi shì duōshao qián?

25. 男： 我们家旁边新开了一家饭馆，一起
去吃饭怎么样？
　　Wǒmen jiā pángbiān xīn kāi le yì jiā
　　fànguǎn, yìqǐ qù chīfàn zěnmeyàng?

　女： 饭馆的菜太贵，在家吃吧。
　　Fànguǎn de cài tài guì, zài jiā chī ba.

　问： 女的想在哪儿吃饭？
　　Nǚ de xiǎng zài nǎr chīfàn?

26. 男： 今天天气真好，不冷也不热。
　　Jīntiān tiānqì zhēn hǎo, bù lěng yě bú
　　rè.

　女： 真的？但是明天可能会下雪。
　　Zhēn de? Dànshì míngtiān kěnéng huì
　　xià xuě.

　问： 明天的天气怎么样？
　　Míngtiān de tiānqì zěnmeyàng?

27. 女： 您好，这是您要的一杯牛奶。
　　Nín hǎo, zhè shì nín yào de yì bēi
　　niúnǎi.

　男： 这不是我的，我要的是一杯咖啡。
　　Zhè bú shì wǒ de, wǒ yào de shì yì bēi
　　kāfēi.

　问： 男的要喝什么？
　　Nán de yào hē shénme?

28. 男： 你眼睛怎么红了？
　　Nǐ yǎnjing zěnme hóng le?

　女： 昨天晚上睡得不太好。
　　Zuótiān wǎnshang shuì de bú tài hǎo.

　问： 女的为什么觉得累？
　　Nǚ de wèi shénme juéde lèi?

29. 女： 你最近过得怎么样？
　　Nǐ zuìjìn guò de zěnmeyàng?

　男： 我在找离公司近一些的房子，现在
的太远。
　　Wǒ zài zhǎo lí gōngsī jìn yìxiē de
　　fángzi, xiànzài de tài yuǎn.

　问： 男的在找什么？
　　Nán de zài zhǎo shénme?

30. 男： 小狗怎么不吃东西？
　　Xiǎogǒu zěnme bù chī dōngxi?

　女： 它今天去了医院，问题不大，吃点
儿药就会好。
　　Tā jīntiān qù le yīyuàn, wèntí bú dà, chī
　　diǎnr yào jiù huì hǎo.

　问： 小狗怎么了？
　　Xiǎogǒu zěnme le?

31. 女： 一斤苹果多少钱?

    Yì jīn píngguǒ duōshao qián?

    男： 一斤三块钱。今天西瓜也很不错，
    一斤一块钱。

    Yì jīn sān kuài qián. Jīntiān xīguā yě
    hěn búcuò, yì jīn yí kuài qián.

    女： 那我要一斤苹果和三斤西瓜。

    Nà wǒ yào yì jīn píngguǒ hé sān jīn
    xīguā.

    男： 一共六块钱。

    Yígòng liù kuài qián.

    问： 三斤西瓜多少钱?

    Sān jīn xīguā duōshao qián?

32. 男： 已经十二点了，你还玩电脑?

    Yǐjīng shí'èr diǎn le, nǐ hái wán
    diànnǎo?

    女： 今天我考完试了，明天没有课。

    Jīntiān wǒ kǎowán shì le, míngtiān
    méiyǒu kè.

    男： 长时间玩电脑对眼睛不好。快睡觉
    吧。

    Cháng shíjiān wán diànnǎo duì yǎnjing
    bù hǎo. Kuài shuìjiào ba.

    女： 好好。

    Hǎo hǎo.

    问： 女的在做什么?

    Nǚ de zài zuò shénme?

33. 女： 你什么时候回家?

    Nǐ shénme shíhou huí jiā?

    男： 明天想回去，但是没有火车票。

    Míngtiān xiǎng huíqù, dànshì méiyǒu
    huǒchē piào.

    女： 那你坐飞机回家吧，现在很便宜。

    Nà nǐ zuò fēijī huí jiā ba, xiànzài hěn
    piányi.

    男： 太好了。我这就去问问。

    Tài hǎo le. Wǒ zhè jiù qù wènwen.

    问： 男的可能怎么回家?

    Nán de kěnéng zěnme huí jiā?

34. 男： 今天是小李的生日，我们一起去过
    生日吧。

    Jīntiān shì Xiǎo Lǐ de shēngrì, wǒmen
    yìqǐ qù guò shēngrì ba.

    女： 他的生日是三月五号，不是今天，
    是明天。

    Tā de shēngrì shì sān yuè wǔ hào, bú
    shì jīntiān, shì míngtiān.

    男： 今天不是三月五号吗?

    Jīntiān bú shì sān yuè wǔ hào ma?

    女： 不是，三月四号。

    Bú shì, sān yuè sì hào.

    问： 今天是几月几号?

    Jīntiān shì jǐ yuè jǐ hào?

35. 女： 下午有人来找你。

    Xiàwǔ yǒu rén lái zhǎo nǐ.

    男： 谁? 你知道他的名字吗?

    Shéi? Nǐ zhīdào tā de míngzi ma?

    女： 不知道，他说他是你的同事。

    Bù zhīdào, tā shuō tā shì nǐ de tóngshì.

    男： 啊，他是小明。

    Ā, tā shì Xiǎomíng.

    问： 下午谁来找男的?

    Xiàwǔ shéi lái zhǎo nán de?

新HSK 1~2급
필수 어휘

A

- ☐ 爱 ài 동 사랑하다

B

- ☐ 八 bā 수 여덟(8)
- ☐ 爸爸 bàba 명 아빠, 아버지
- ☐ 杯子 bēizi 명 컵, 잔
- ☐ 北京 Běijīng 지명 베이징
- ☐ 本 běn 양 권 [책을 세는 단위]
- ☐ 不 bù 부 부정을 나타냄
- ☐ 不客气 bú kèqi 천만에요

C

- ☐ 菜 cài 명 채소, 요리
- ☐ 茶 chá 명 차 [음료]
- ☐ 吃 chī 동 먹다
- ☐ 出租车 chūzūchē 명 택시

D

- ☐ 打电话 dǎ diànhuà 전화를 걸다, 전화하다
- ☐ 大 dà 형 크다, 넓다
- ☐ 的 de 조 ~의 [종속의 관계]
- ☐ 点(儿) diǎn(r) 양 약간, 조금
- ☐ 电脑 diànnǎo 명 컴퓨터
- ☐ 电视 diànshì 명 TV, 텔레비전
- ☐ 电影 diànyǐng 명 영화
- ☐ 东西 dōngxi 명 물건, 사물

- ☐ 都 dōu 부 모두, 다
- ☐ 读 dú 동 읽다
- ☐ 对不起 duìbuqǐ 동 미안하다, 죄송하다
- ☐ 多 duō 형 많다 대 얼마나
- ☐ 多少 duōshao 대 몇 [10 이상의 수를 셀 때 쓰임]

E

- ☐ 儿子 érzi 명 아들
- ☐ 二 èr 수 둘(2)

F

- ☐ 饭店 fàndiàn 명 호텔, 레스토랑
- ☐ 飞机 fēijī 명 비행기
- ☐ 分钟 fēnzhōng 명 분 [시간의 단위]

G

- ☐ 高兴 gāoxìng 형 기쁘다, 즐겁다
- ☐ 个 gè(ge) 양 개, 명 [사물이나 사람을 세는 단위]
- ☐ 工作 gōngzuò 명 직업, 일자리 동 일하다
- ☐ 狗 gǒu 명 개 [동물]

H

- ☐ 汉语 Hànyǔ 명 중국어
- ☐ 好 hǎo 형 좋다, 만족하다
- ☐ 号 hào 명 번호 양 일 [날짜]
- ☐ 喝 hē 동 마시다

□ 和 hé 전 ~와　접 그리고

□ 很 hěn 부 매우, 대단히, 아주

□ 后面 hòumiàn 명 뒤, 뒤쪽

□ 回 huí 동 돌아가다, 돌아오다

□ 会 huì 조동 (배워서) 할 수 있다

J

□ 几 jǐ 대수 몇 [10 이하의 수를 셀 때 쓰임]

□ 家 jiā 명 집　양 채 [가정·가게 등을 세는 단위]

□ 叫 jiào 동 부르다

□ 今天 jīntiān 명 오늘

□ 九 jiǔ 수 아홉(9)

K

□ 开 kāi 동 열다, 켜다

□ 看 kàn 동 보다

□ 看见 kànjiàn 동 보이다, 보다

□ 块 kuài 명 위안 [중국의 화폐 단위]
　　　　　　양 덩어리나 조각을 세는 단위

L

□ 来 lái 동 오다

□ 老师 lǎoshī 명 선생님

□ 了 le 조 동작의 완료 또는 상태의 변화를 나타냄

□ 冷 lěng 형 춥다, 시리다

□ 里 lǐ 명 가운데, 안쪽

□ 六 liù 수 여섯(6)

M

□ 妈妈 māma 명 엄마, 어머니

□ 吗 ma 조 의문을 나타냄

□ 买 mǎi 동 사다, 구매하다

□ 猫 māo 명 고양이

□ 没关系 méi guānxi 괜찮다, 문제없다

□ 没有 méiyǒu 동 없다 [소유의 부정]
　　　　　　부 ~않다 [과거의 경험·행위 등을 부정]

□ 米饭 mǐfàn 명 쌀밥

□ 明天 míngtiān 명 내일

□ 名字 míngzi 명 이름

N

□ 哪 nǎ 대 무엇, 어느

□ 哪儿 nǎr 대 어디, 어느 곳

□ 那 nà 대 그, 저

□ 呢 ne 조 의문문의 뒤에 쓰여 의문의 어기를 나타냄

□ 能 néng 조동 ~할 수 있다

□ 你 nǐ 대 너, 당신

□ 年 nián 명 양 연(년), 해

□ 女儿 nǚ'ér 명 딸

P

□ 朋友 péngyou 명 친구

□ 漂亮 piàoliang 형 예쁘다, 아름답다

□ 苹果 píngguǒ 명 사과

Q

- [ ] 七 qī **수** 일곱(7)
- [ ] 钱 qián **명** 돈
- [ ] 前面 qiánmiàn **명** 앞, 앞쪽
- [ ] 请 qǐng **동** 청하다, 부탁하다
- [ ] 去 qù **동** 가다

R

- [ ] 热 rè **형** 덥다, 뜨겁다
- [ ] 人 rén **명** 사람
- [ ] 认识 rènshi **동** 알다

S

- [ ] 三 sān **수** 셋(3)
- [ ] 商店 shāngdiàn **명** 상점
- [ ] 上 shàng **명** 위 / 이전, 먼저
- [ ] 上午 shàngwǔ **명** 오전
- [ ] 少 shǎo **형** 적다
- [ ] 谁 shéi **대** 누구
- [ ] 什么 shénme **대** 무슨, 무엇
- [ ] 十 shí **수** 열(10)
- [ ] 时候 shíhou **명** 때, 시간
- [ ] 是 shì **형** 맞다 **동** ~이다
- [ ] 书 shū **명** 책
- [ ] 水 shuǐ **명** 물
- [ ] 水果 shuǐguǒ **명** 과일
- [ ] 睡觉 shuìjiào **동** 잠을 자다
- [ ] 说 shuō **동** 말하다

- [ ] 四 sì **수** 넷(4)
- [ ] 岁 suì **양** 살, 세 [나이를 세는 단위]

T

- [ ] 他 tā **대** 그, 그 사람
- [ ] 她 tā **대** 그녀
- [ ] 太 tài **형** 너무, 매우
- [ ] 天气 tiānqì **명** 날씨
- [ ] 听 tīng **동** 듣다
- [ ] 同学 tóngxué **명** 동창, 급우

W

- [ ] 喂 wéi **감** 여보세요
- [ ] 我 wǒ **대** 나, 저
- [ ] 我们 wǒmen **대** 우리
- [ ] 五 wǔ **수** 다섯(5)

X

- [ ] 喜欢 xǐhuan **동** 좋아하다
- [ ] 下 xià **명** 아래, 밑 / 나중, 다음
- [ ] 下午 xiàwǔ **명** 오후
- [ ] 下雨 xià yǔ 비가 내리다
- [ ] 先生 xiānsheng **명** 선생, 씨 [성인 남성에 대한 존칭]
- [ ] 现在 xiànzài **명** 지금, 현재
- [ ] 想 xiǎng **동** 생각하다 **조동** ~하고 싶다
- [ ] 小 xiǎo **형** 작다, 어리다
- [ ] 小姐 xiǎojiě **명** 아가씨

☐ 些 xiē 양 조금, 약간, 몇

☐ 写 xiě 동 (글씨를) 쓰다

☐ 谢谢 xièxie 동 고맙습니다

☐ 星期 xīngqī 명 주, 요일

☐ 学生 xuésheng 명 학생

☐ 学习 xuéxí 동 공부하다, 학습하다

☐ 学校 xuéxiào 명 학교

☐ 昨天 zuótiān 명 어제

☐ 坐 zuò 동 앉다

☐ 做 zuò 동 ~하다

Y

☐ 一 yī 수 하나(1)

☐ 一点儿 yìdiǎnr 양 조금

☐ 衣服 yīfu 명 옷, 의복

☐ 医生 yīshēng 명 의사

☐ 医院 yīyuàn 명 병원

☐ 椅子 yǐzi 명 의자

☐ 有 yǒu 동 있다 [존재]

☐ 月 yuè 명 월, 달

Z

☐ 在 zài 동 있다, 존재하다　전 ~에(서)

☐ 再见 zàijiàn 동 안녕히 가세요, 안녕

☐ 怎么 zěnme 대 어떻게, 어째서

☐ 怎么样 zěnmeyàng 대 어떠하냐

☐ 这 zhè 대 이, 이것

☐ 中国 Zhōngguó 국명 중국

☐ 中午 zhōngwǔ 명 정오

☐ 住 zhù 동 머무르다, 거주하다

☐ 桌子 zhuōzi 명 탁자, 테이블

☐ 字 zì 명 글자, 글

B

☐ 吧 ba 조 문장의 끝에 쓰여 권유·명령 등의 어기를
　　표현함

☐ 白 bái 형 희다, 하얗다

☐ 百 bǎi 수 백(100)

☐ 帮助 bāngzhù 동 돕다

☐ 报纸 bàozhǐ 명 신문

☐ 比 bǐ 전 ~보다　동 비교하다

☐ 别 bié 부 ~하지 마라　대 다른

☐ 宾馆 bīnguǎn 명 호텔

C

☐ 长 cháng 형 길다

☐ 唱歌 chànggē 동 노래 부르다

☐ 出 chū 동 (밖으로) 나가다

☐ 穿 chuān 동 (옷이나 신발을) 입다, 신다

☐ 次 cì 양 차례, 번, 회

☐ 从 cóng 전 ~부터

☐ 错 cuò 동 틀리다

D

☐ 打篮球 dǎ lánqiú 농구를 하다

☐ 大家 dàjiā 대 모두들

☐ 但是 dànshì 접 그러나

☐ 到 dào 동 도착하다, 도달하다

☐ 得 de 조 동사 뒤에서 가능을 나타냄

☐ 等 děng 동 기다리다

☐ 弟弟 dìdi 명 남동생

☐ 第一 dì-yī 수 첫 번째, 제1, 일등

☐ 懂 dǒng 동 알다, 이해하다

☐ 对 duì 형 맞다　전 ~에 대해

F

☐ 房间 fángjiān 명 방

☐ 非常 fēicháng 부 대단히, 매우

☐ 服务员 fúwùyuán 명 종업원

G

☐ 高 gāo 형 높다, (키가) 크다

☐ 告诉 gàosu 동 알리다, 알려주다

☐ 哥哥 gēge 명 오빠, 형

☐ 给 gěi 동 주다

☐ 公共汽车 gōnggòng qìchē 명 버스

☐ 公司 gōngsī 명 회사

☐ 贵 guì 형 비싸다, 귀하다

☐ 过 guo 조 ~한 적이 있다

H

☐ 还 hái 부 여전히, 아직

☐ 孩子 háizi 명 어린아이

☐ 好吃 hǎochī 형 맛있다

☐ 黑 hēi 형 검다

☐ 红 hóng 형 붉다

☐ 火车站 huǒchēzhàn 명 기차역

J

- [ ] 机场 jīchǎng 명 공항
- [ ] 鸡蛋 jīdàn 명 달걀
- [ ] 件 jiàn 양 벌, 건 [옷이나 사건을 세는 단위]
- [ ] 教室 jiàoshì 명 교실
- [ ] 姐姐 jiějie 명 언니, 누나
- [ ] 介绍 jièshào 동 소개하다
- [ ] 进 jìn 동 (안으로) 들어오다
- [ ] 近 jìn 형 가깝다
- [ ] 就 jiù 부 곧, 즉시, 당장, 바로
- [ ] 觉得 juéde 동 ~라고 생각하다

K

- [ ] 咖啡 kāfēi 명 커피
- [ ] 开始 kāishǐ 동 시작하다
- [ ] 考试 kǎoshì 동 시험을 치다
- [ ] 可能 kěnéng 부 아마도
- [ ] 可以 kěyǐ 조동 ~할 수 있다, 가능하다
- [ ] 课 kè 명 수업, 과목
- [ ] 快 kuài 형 빠르다 부 빨리
- [ ] 快乐 kuàilè 형 즐겁다, 축하하다

L

- [ ] 累 lèi 형 피곤하다
- [ ] 离 lí 전 ~에서, ~부터
- [ ] 两 liǎng 수 둘(2)
- [ ] 零 líng 수 영(0)

- [ ] 路 lù 명 길, 도로
- [ ] 旅游 lǚyóu 동 여행하다

M

- [ ] 卖 mài 동 팔다
- [ ] 慢 màn 형 느리다
- [ ] 忙 máng 형 바쁘다
- [ ] 每 měi 대 매, 각, 모두
- [ ] 妹妹 mèimei 명 여동생
- [ ] 门 mén 명 문, 입구
- [ ] 面条(儿) miàntiáo(r) 명 국수

N

- [ ] 男 nán 명 남자, 남성
- [ ] 您 nín 대 당신, 귀하
- [ ] 牛奶 niúnǎi 명 우유
- [ ] 女 nǚ 명 여자, 여성

P

- [ ] 旁边 pángbiān 명 옆, 근처
- [ ] 跑步 pǎobù 동 달리다
- [ ] 便宜 piányi 형 싸다, 저렴하다
- [ ] 票 piào 명 표, 티켓

Q

- ☐ 妻子 qīzi 명 아내
- ☐ 起床 qǐchuáng 동 일어나다, 기상하다
- ☐ 千 qiān 수 천(1,000)
- ☐ 铅笔 qiānbǐ 명 연필
- ☐ 晴 qíng 형 맑다
- ☐ 去年 qùnián 명 작년

R

- ☐ 让 ràng 동 ~하게 시키다
- ☐ 日 rì 명 양 하루, 날, 일

S

- ☐ 上班 shàngbān 동 출근하다
- ☐ 身体 shēntǐ 명 신체, 건강
- ☐ 生病 shēngbìng 동 병이 나다
- ☐ 生日 shēngrì 명 생일
- ☐ 时间 shíjiān 명 시간
- ☐ 事情 shìqing 명 일, 사건
- ☐ 手表 shǒubiǎo 명 손목시계
- ☐ 手机 shǒujī 명 휴대전화
- ☐ 说话 shuōhuà 동 말하다, 이야기하다
- ☐ 送 sòng 동 주다, 보내다, 배송하다
- ☐ 虽然 suīrán 접 비록 ~이라도
- ☐ (因为⋯)所以⋯ (yīnwèi⋯) suǒyǐ⋯
  접 (~때문에) 그래서 ~하다

T

- ☐ 它 tā 대 그(것), 저(것)
- ☐ 踢足球 tī zúqiú 축구를 하다
- ☐ 题 tí 명 문제
- ☐ 跳舞 tiàowǔ 동 춤을 추다

W

- ☐ 外 wài 명 겉, 바깥
- ☐ 完 wán 동 끝나다, 없어지다
- ☐ 玩 wán 동 놀다
- ☐ 晚上 wǎnshang 명 저녁
- ☐ 往 wǎng 동 ~로 향하다
- ☐ 为什么 wèi shénme 왜, 어째서
- ☐ 问 wèn 동 묻다, 질문하다
- ☐ 问题 wèntí 명 문제, 질문

X

- ☐ 西瓜 xīguā 명 수박
- ☐ 希望 xīwàng 동 희망하다, 바라다
- ☐ 洗 xǐ 동 씻다, 빨다
- ☐ 小时 xiǎoshí 명 시간 [시간의 단위]
- ☐ 笑 xiào 동 웃다, 미소 짓다
- ☐ 新 xīn 형 새롭다
- ☐ 姓 xìng 명 성, 성씨
- ☐ 休息 xiūxi 동 휴식을 취하다　명 휴식
- ☐ 雪 xuě 명 눈 [날씨]

Y

- [ ] 颜色 yánsè 명 색, 색깔
- [ ] 眼睛 yǎnjing 명 눈 [신체]
- [ ] 羊肉 yángròu 명 양고기
- [ ] 药 yào 명 약
- [ ] 要 yào 조동 ~하려고 하다 동 원하다
- [ ] 也 yě 부 ~도
- [ ] 一下 yíxià 양 좀 ~하다
- [ ] 已经 yǐjīng 부 이미, 벌써
- [ ] 一起 yìqǐ 부 같이, 함께
- [ ] 意思 yìsi 명 뜻, 의미
- [ ] 阴 yīn 형 흐리다
- [ ] 游泳 yóuyǒng 동 수영하다
- [ ] 右边 yòubian 명 오른쪽, 우측
- [ ] 鱼 yú 명 물고기
- [ ] 远 yuǎn 형 멀다
- [ ] 运动 yùndòng 명 운동 동 운동하다

- [ ] 走 zǒu 동 걷다
- [ ] 最 zuì 부 가장, 제일
- [ ] 左边 zuǒbian 명 왼쪽, 좌측

Z

- [ ] 再 zài 부 다시, 재차
- [ ] 早上 zǎoshang 명 아침, 오전
- [ ] 丈夫 zhàngfu 명 남편
- [ ] 找 zhǎo 동 찾다, 구하다
- [ ] 着 zhe 조 서술어 뒤에서 지속·진행을 나타냄
- [ ] 真 zhēn 부 진실로, 참으로
- [ ] 正在 zhèngzài 부 지금 ~하고 있다
- [ ] 只 zhī 양 마리 [동물·짐승을 세는 단위]
- [ ] 知道 zhīdào 동 알다, 이해하다
- [ ] 准备 zhǔnbèi 동 준비하다

汉 语 水 平 考 试 **HSK**（二级）答 题 卡

一、听　力

1.[√] [×]　　　6.[√] [×]　　　11.[A] [B] [C] [D] [E] [F]　　　16.[A] [B] [C] [D] [E] [F]
2.[√] [×]　　　7.[√] [×]　　　12.[A] [B] [C] [D] [E] [F]　　　17.[A] [B] [C] [D] [E] [F]
3.[√] [×]　　　8.[√] [×]　　　13.[A] [B] [C] [D] [E] [F]　　　18.[A] [B] [C] [D] [E] [F]
4.[√] [×]　　　9.[√] [×]　　　14.[A] [B] [C] [D] [E] [F]　　　19.[A] [B] [C] [D] [E] [F]
5.[√] [×]　　　10.[√] [×]　　　15.[A] [B] [C] [D] [E] [F]　　　20.[A] [B] [C] [D] [E] [F]

21.[A] [B] [C]　　　26.[A] [B] [C]　　　31.[A] [B] [C]
22.[A] [B] [C]　　　27.[A] [B] [C]　　　32.[A] [B] [C]
23.[A] [B] [C]　　　28.[A] [B] [C]　　　33.[A] [B] [C]
24.[A] [B] [C]　　　29.[A] [B] [C]　　　34.[A] [B] [C]
25.[A] [B] [C]　　　30.[A] [B] [C]　　　35.[A] [B] [C]

二、阅　读

36.[A] [B] [C] [D] [E] [F]　　　41.[A] [B] [C] [D] [E] [F]　　　46.[√] [×]
37.[A] [B] [C] [D] [E] [F]　　　42.[A] [B] [C] [D] [E] [F]　　　47.[√] [×]
38.[A] [B] [C] [D] [E] [F]　　　43.[A] [B] [C] [D] [E] [F]　　　48.[√] [×]
39.[A] [B] [C] [D] [E] [F]　　　44.[A] [B] [C] [D] [E] [F]　　　49.[√] [×]
40.[A] [B] [C] [D] [E] [F]　　　45.[A] [B] [C] [D] [E] [F]　　　50.[√] [×]

51.[A] [B] [C] [D] [E] [F]　　　56.[A] [B] [C] [D] [E] [F]
52.[A] [B] [C] [D] [E] [F]　　　57.[A] [B] [C] [D] [E] [F]
53.[A] [B] [C] [D] [E] [F]　　　58.[A] [B] [C] [D] [E] [F]
54.[A] [B] [C] [D] [E] [F]　　　59.[A] [B] [C] [D] [E] [F]
55.[A] [B] [C] [D] [E] [F]　　　60.[A] [B] [C] [D] [E] [F]

절취선

汉 语 水 平 考 试 HSK（二级）答 题 卡

注意　请用2B铅笔这样写：■

一、 听 力

1.[√] [×]
2.[√] [×]
3.[√] [×]
4.[√] [×]
5.[√] [×]

6.[√] [×]
7.[√] [×]
8.[√] [×]
9.[√] [×]
10.[√] [×]

11.[A] [B] [C] [D] [E] [F]
12.[A] [B] [C] [D] [E] [F]
13.[A] [B] [C] [D] [E] [F]
14.[A] [B] [C] [D] [E] [F]
15.[A] [B] [C] [D] [E] [F]

16.[A] [B] [C] [D] [E] [F]
17.[A] [B] [C] [D] [E] [F]
18.[A] [B] [C] [D] [E] [F]
19.[A] [B] [C] [D] [E] [F]
20.[A] [B] [C] [D] [E] [F]

21.[A] [B] [C]
22.[A] [B] [C]
23.[A] [B] [C]
24.[A] [B] [C]
25.[A] [B] [C]

26.[A] [B] [C]
27.[A] [B] [C]
28.[A] [B] [C]
29.[A] [B] [C]
30.[A] [B] [C]

31.[A] [B] [C]
32.[A] [B] [C]
33.[A] [B] [C]
34.[A] [B] [C]
35.[A] [B] [C]

二、 阅 读

36.[A] [B] [C] [D] [E] [F]
37.[A] [B] [C] [D] [E] [F]
38.[A] [B] [C] [D] [E] [F]
39.[A] [B] [C] [D] [E] [F]
40.[A] [B] [C] [D] [E] [F]

41.[A] [B] [C] [D] [E] [F]
42.[A] [B] [C] [D] [E] [F]
43.[A] [B] [C] [D] [E] [F]
44.[A] [B] [C] [D] [E] [F]
45.[A] [B] [C] [D] [E] [F]

46.[√] [×]
47.[√] [×]
48.[√] [×]
49.[√] [×]
50.[√] [×]

51.[A] [B] [C] [D] [E] [F]
52.[A] [B] [C] [D] [E] [F]
53.[A] [B] [C] [D] [E] [F]
54.[A] [B] [C] [D] [E] [F]
55.[A] [B] [C] [D] [E] [F]

56.[A] [B] [C] [D] [E] [F]
57.[A] [B] [C] [D] [E] [F]
58.[A] [B] [C] [D] [E] [F]
59.[A] [B] [C] [D] [E] [F]
60.[A] [B] [C] [D] [E] [F]

汉语水平考试 HSK（二级）答题卡

──── 请填写考生信息 ────

按照考试证件上的姓名填写：

姓名	

如果有中文姓名，请填写：

中文姓名	

考生序号	[0] [1] [2] [3] [4] [5] [6] [7] [8] [9]
	[0] [1] [2] [3] [4] [5] [6] [7] [8] [9]
	[0] [1] [2] [3] [4] [5] [6] [7] [8] [9]
	[0] [1] [2] [3] [4] [5] [6] [7] [8] [9]
	[0] [1] [2] [3] [4] [5] [6] [7] [8] [9]

──── 请填写考点信息 ────

考点代码	[0] [1] [2] [3] [4] [5] [6] [7] [8] [9]
	[0] [1] [2] [3] [4] [5] [6] [7] [8] [9]
	[0] [1] [2] [3] [4] [5] [6] [7] [8] [9]
	[0] [1] [2] [3] [4] [5] [6] [7] [8] [9]
	[0] [1] [2] [3] [4] [5] [6] [7] [8] [9]
	[0] [1] [2] [3] [4] [5] [6] [7] [8] [9]

国籍	[0] [1] [2] [3] [4] [5] [6] [7] [8] [9]
	[0] [1] [2] [3] [4] [5] [6] [7] [8] [9]
	[0] [1] [2] [3] [4] [5] [6] [7] [8] [9]

年龄	[0] [1] [2] [3] [4] [5] [6] [7] [8] [9]
	[0] [1] [2] [3] [4] [5] [6] [7] [8] [9]

性别	男 [1] 女 [2]

注意　请用2B铅笔这样写：■■

一、听力

1.[√] [×]　　6.[√] [×]　　11.[A] [B] [C] [D] [E] [F]　　16.[A] [B] [C] [D] [E] [F]
2.[√] [×]　　7.[√] [×]　　12.[A] [B] [C] [D] [E] [F]　　17.[A] [B] [C] [D] [E] [F]
3.[√] [×]　　8.[√] [×]　　13.[A] [B] [C] [D] [E] [F]　　18.[A] [B] [C] [D] [E] [F]
4.[√] [×]　　9.[√] [×]　　14.[A] [B] [C] [D] [E] [F]　　19.[A] [B] [C] [D] [E] [F]
5.[√] [×]　　10.[√] [×]　　15.[A] [B] [C] [D] [E] [F]　　20.[A] [B] [C] [D] [E] [F]

21.[A] [B] [C]　　26.[A] [B] [C]　　31.[A] [B] [C]
22.[A] [B] [C]　　27.[A] [B] [C]　　32.[A] [B] [C]
23.[A] [B] [C]　　28.[A] [B] [C]　　33.[A] [B] [C]
24.[A] [B] [C]　　29.[A] [B] [C]　　34.[A] [B] [C]
25.[A] [B] [C]　　30.[A] [B] [C]　　35.[A] [B] [C]

二、阅读

36.[A] [B] [C] [D] [E] [F]　　41.[A] [B] [C] [D] [E] [F]　　46.[√] [×]
37.[A] [B] [C] [D] [E] [F]　　42.[A] [B] [C] [D] [E] [F]　　47.[√] [×]
38.[A] [B] [C] [D] [E] [F]　　43.[A] [B] [C] [D] [E] [F]　　48.[√] [×]
39.[A] [B] [C] [D] [E] [F]　　44.[A] [B] [C] [D] [E] [F]　　49.[√] [×]
40.[A] [B] [C] [D] [E] [F]　　45.[A] [B] [C] [D] [E] [F]　　50.[√] [×]

51.[A] [B] [C] [D] [E] [F]　　56.[A] [B] [C] [D] [E] [F]
52.[A] [B] [C] [D] [E] [F]　　57.[A] [B] [C] [D] [E] [F]
53.[A] [B] [C] [D] [E] [F]　　58.[A] [B] [C] [D] [E] [F]
54.[A] [B] [C] [D] [E] [F]　　59.[A] [B] [C] [D] [E] [F]
55.[A] [B] [C] [D] [E] [F]　　60.[A] [B] [C] [D] [E] [F]

孔子学院总部/国家汉办
Confucius Institute Headquarters(Hanban)

汉 语 水 平 考 试
Chinese Proficiency Test

HSK （二级）成绩报告
HSK (Level 2) Examination Score Report

姓名 (Name)：_____

性别 (Gender)：_____ 国籍 (Nationality)：_____

考试时间 (Examination Date)：_____年 (Year) _____月 (Month) _____日 (Day)

编号 (No.)：_____

准考证号 (Admission Ticket Number)：_____

	满分 Full Score	你的分数 Your Score
听力 Listening	100	
阅读 Reading	100	
总分 Total Score	200	

总分120分为合格 (Passing Score: 120)

听力 Listening	阅读 Reading	总分 Total Score	百分等级 Percentile Rank
100	100	200	99%
99		196	90%
96	98	191	80%
93	95	186	70%
91	90	179	60%
88	86	172	50%
85	80	163	40%
80	72	153	30%
74	62	140	20%
66	51	122	10%

主任
Director _____

国家汉办
Hanban

中国 · 北京
Beijing · China

成绩自考试日起2年内有效

중국어를 가장 쉽게 시작할 수 있는

처음
만나는
중국어

WORKBOOK

Since1977

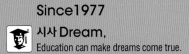

시사 Dream,
Education can make dreams come true.